공정하고 실용적인 세금 개혁을 위한 제언

세금혁명

토마 피케티, 이매뉴얼 사에즈
카미유 랑데 지음
박나리 옮김 | 이정우 감수

글항아리

무기력한 세제를 무너뜨려라

모두 자각하고 있다. 프랑스 세제는 복잡함에 마비되어 있고, 실질적으로 미약한 누진세율로 정체되어 있으며, 그로 인해 세금에 대한 시민의 믿음이 깨질 위험에 처해 있다는 사실을. 누구나 나보다는 내 이웃이, 당연한 생각이지만 그 누구보다도 고소득층이 현재의 세금제도를 잘 이용하고 있다고 의심하며, 이 때문에 모두 함께 해야 하는 개혁과 노력을 받아들이는 일이 매우 어려워진다. 오늘날 문제는 세금을 줄이는 것도, 늘리는 것도 아니다. 그보다는 오히려 세제를 재검토하고 세금을 제대로 분배하여, 세제를 더욱 단순하고 공정하며 쉽게 만드는 것이다.

　모두가 이러한 사실을 알고 있지만, 아무도 아무것도 하지 않는다. 더 최악인 것은, 이러한 논의에도 불구하고 조세 감면책이 매년 말도 안 되는 수준으로 확대되고 있다는 사실이다. 현 정부의 조세정책은 부자들에 대한 선물의 개념이건(세금상한제, 부유세ISF, 상속) 더 많은 집단을 대상으로 하는 개념이건(대출이자, 초과근무시간), 이미 지금으로서도 지나

치다 싶은 현 세제에 복잡함을 더하고 예외조항을 추가하는 것으로 이루어져 있다. 그리고 오늘날 좌파건 우파건 할 것 없이 내놓는 '세금 개혁안'은 너무나 모호하여 개혁안의 제안자들조차 무기력한 조세제도, 쌓여만 가는 미봉책, 본질적인 개혁의 부재라는 현실이 앞으로도 계속되리라 믿게 된다.

이 책은 이러한 현 상태와의 단절을 선언하고, 모든 세부 사항이 공정하게 수치화되는 정확하고 실용적인 세금 개혁을 주장한다. 우리는 특히 사회보장분담금CSG: contribution sociale généralisée(사회보장제도 적자를 보충하기 위한 분담금을 말한다—옮긴이), 현 소득세IRPP(현재 형태의 소득세는 전적으로 사라질 것이다), 원천과세, 노동소득세액공제PPE: prime pour l'emploi(저임금노동자에 대한 지원사업의 일환으로 소득세 공제의 형태로 제공된다—옮긴이), 세금상한제를 비롯한 오늘날의 세금 대부분을 대체할 수 있는 새로운 소득세를 만들 것을 제안한다. 전 프랑스인이 납부하고 21세기 프랑스 사회에 맞춰 조정된 이 새로운 형태의 소득세는 완전히 개인화될 것이며, 누진세율표에 따라(현재의 소득세처럼) 노동소득 및 자본소득을 원천으로 하여(현재의 사회보장분담금처럼, 그리고 사회보장분담금과 동일한 과세표준에 근거하여) 직접 징수될 것이다. 사실상 현 사회보장분담금의 확장처럼 소개되지만 누진세율표를 따르는 이 새로운 소득세의 수입 일부는 현 사회보장분담금과 완전히 동일하게 사회보장제도 비용으로 충당될 것이다.

다시 말하자면, 이는 1914년 프랑스에 확립된 직접 조세제도의 완벽한 개정이자, 1945년, 1959년, 1990년의 세금 개혁보다 훨씬 본질적이며 폭넓은 형태의 개정이라고 할 수 있다.

형평성과 누진세율

———

원천징수와 조세 감면책 제거를 통해 '동일 소득에 동일 세금'이라는 원칙을 재정립하는 것, 이것이 바로 형평성이다. 수평적 형평성에 대한 이 최소한의 원칙은 세금에 대한 동의에 필수적 기반이므로 이 원칙 없이 모두가 동의하는 공정한 세금은 존재할 수 없다. 그러나 현 체제에서 형평성의 원칙은 지켜지지 않고 있으며, 이러한 상황은 조세제도의 근간을 우리 눈앞에서 위협하고 있다. 특히 노동소득과 자본소득 간의 형평성이 문제인데, 오늘날 프랑스에서 아낌없는 면세 혜택을 입고 있는 자본소득은 이제 노동소득과 동일 선상에서 과세될 것이다.

남녀 간의 형평성 확립, 즉 과세를 개인화하고 배우자계수를 폐지함으로써, 여성의 소득이 부차적 소득처럼 취급받는 일이 마침내 사라질 것이다. 각 개인의 세금은 배우자의 소득이 아니라 본인의 순수한 소득에 따라 매겨질 것이다. 새로운 조세제도는 가족생활에 대한 각자의 선택과는 관계없는 중립적인 제도가 될 것이며, 자녀를 계산에 넣는 더 단순하고 공정하며 새로운 제도로 현재의 가족계수를 대체할 것이다. 우리가 제안하는 개혁은 남녀 간 직업 형평성과 여성의 노동시장 참여 모두에 매우 긍정적인 효과를 지니고 있다.

다음으로는 누진세율이 있다. 고소득층이 저소득층과 중산층에 비해 더 낮은 실효세율을 적용받는 오늘날과는 반대로, 누진세율의 재확립을 통해 저소득층과 중산층보다 고소득층에 실질적으로 더 높은 실효세율을 부과할 것이다. 흔히들 생각하는 것과 달리, 현 제도에서 저임금노동자는 굉장히 높은 비율의 과세를 적용받는 납세자이며, 일말의 '보조'도 받고 있지 않다. 필수과세 전체를 고려한다면(사회보장기여금과, 소비를 전혀 하지 않는 사람들에게만 '타격이 없는' 소비세를 포함해), 오늘날 고소득층의 실효세율은 30~35퍼센트에 불과한 데 비해 중산층의 실효세율은 약 45~50퍼센트로, 중산층이 굉장히 높은 세금을 감당하고 있음을 발견할 수 있다.

이러한 체제는 공정하지도, 효율적이지도 않다. 이는 시민 납세자의 불신감을 조성하며, 민주주의의 안정을 위협한다. 우리는 각종 조세 감면을 제거하고 자본소득에 대한 과세표준을 확정하며 현 사회보장분담금을 대체하는 누진세율표를 확립하는 개혁을 통해 세금의 압력을 줄이고 대다수의 구매력을 증대시킬 것이다. 이에 우리는 전체 인구의 97퍼센트에 해당하는 7000유로 이하 월명목소득자에 대한 소득세를 줄일 수 있는 새로운 세율표를 제안한다. 그 이상의 소득에 대한 실효세율은 단 몇 퍼센트 증가할 것이며(굉장히 높은 수준의 조세 감면 덕을 보고 있는 이들만 제외하고), 이러한 증가는 약 5만 유로 이상 월명목소득자 수입의 10퍼센트에 불과할 것이다. 이는 상당히 온건한 수준이라 할 수 있다.

———

그리고 마지막으로, 민주주의가 있다. 우리는 정확한 개혁을 옹호하지만, 이것이 완벽하다고는 주장하지 않는다. 우리의 주요 목표는 모든 성향의 독자, 시민, 정치활동가, 정치책임자, 노사책임자에게 자신만의 대안적 개혁을 구상할 수 있는 수단을 제공하는 것이다. 이 책은 www.revolution-fiscale.fr이라는 사이트와 따로 떼어놓고 생각할 수 없는데, 이 새로운 도구의 핵심적인 목표는 시민들이 세금 문제에 적응하도록 하여 대규모의 공공토론을 이끌어내는 것이다. 실제로 이 사이트를 통해 시민들은 현 조세제도의 주요 파라미터와 제안된 개혁의 주요 파라미터(특히 세율표)를 수정할 수 있으며, 프랑스인의 소득, 예산 불평등 또는 평등에 이 파라미터들이 미치는 영향을 연구해볼 수 있다. 곧 다가올 대결에서 각 개인이 스스로 책임질 수 있게 되는 것이다.

사실 세금 문제는 전혀 기술적인 것이 아니다. 이는 본질적으로 정치적인 동시에 철학적인 문제이며, 다른 무엇보다 정치적인 문제일 것이다. 세금 없이는 공동의 운명도, 집단 대응할 능력도 존재하지 않는다. 언제나 늘 그래왔다. 앙시앵 레짐Ancien Régime(1789년 프랑스혁명 당시 타도의 대상이 된 정치·경제·사회의 구체제—옮긴이)은 혁명가들이 귀족과 성직자의 조세 특권 폐지에 찬성하고, 보편적이며 근대적인 조세제도를 확립함으로써 사라졌다. 미국혁명은 자신들의 세금과 운명을 직접 책임지고자 하는 영국 식민지 피통치자의 의지에서 탄생했다.('대표 없이는 과세도 없다No taxation without representation.') 상황은 2세기 만에 바뀌었으나, 쟁점은 동일하게 남아 있다. 이는 곧 시민들이 고용, 교육, 퇴직, 불평등, 보건, 지속 가능한 개발 등 자신들의 공통적 계획에 할애하길 바라는 재원을 자주적·민주적으로 선택할 수 있게 하는 것이다.

안타깝게도 오늘날 세금에 대한 토론은 기술적 제약에 너무 자주 부딪힌다. 세금 개혁을 어떻게 수치화할 것인가? 실제 조정 가능한 예산을 어떻게 알아볼 수 있는가? 선거 공약에 실린 제안들을 어떻게 따져볼 수 있는가? 이러한 어려움 앞에서 시민들은 종종 어리석은 만족감이나('이 정도면 됐지') 극단적인 체념주의('모든 것이 다 불가능해' 혹은 '나한테는 너무 어려워') 사이에서 방황하는 모습을 보인다.

한편 정치책임자는 종종 너무나 관대한 원칙을 공표하며 거의 아무것에도 개입하지 않음으로써 위험 부담을 최소화하려는 경향을 보인다는 사실을 스스로 인정해야 한다. 일반적으로 우파의 선거 공약에서는 세금은 모두 나쁘니 줄여야 한다는 매혹적인 담론을 발견하게 되는데, 이는 거짓은 아니지만 안타깝게도 불가능한 이야기다. 반면, 좌파의 선거 공약에서는 간접세가 시대 역행적이므로 '소득에 대한 누진세'를 제정해야 한다는 주장을 매번 접하게 된다. 이는 전부 옳고 정당한 말이지만 매우 모호하며, 일단 선거에서 이기고 나면 보통 이러한 구호는 그 어떤 해결책도 낳지 않기 마련이다. 두 경우 모두 조세 감면의 관성과 새로운 축적이 본질적인 개혁보다 우위에 서게 되며, 이는 시민의 난처함을 가중시킨다.

2012년 선거를 내다보면 특히 좌파에서(그러나 우파에서도 마찬가지로) 소득세와 사회보장분담금이 통합되어야 한다는 새로운 합의가 도출된 것처럼 보인다.(2012년 선거 당시 프랑수아 올랑드 후보의 공약 중에는 기존 소득세IRPP와 사회보장분담금CSG을 하나로 통합하는 것을 골자로 하는 세제 개혁안이 포함되어 있었다. 그러나 당선된 이후, 올랑드 행정부는 세제 개혁을 계속해서 미루고 있으며, 두 가지 세금을 하나로 통합하는 것이 순영향보다는 악영향이 더 크다며, 둘을 통합하는 대신 IRPP의 과세율을 사회보장분담금 수준으로 끌어올리는 대안을 주장하고 있다. 2016년인 현재에도 세제 개혁은 사실상 거의 진척되지 않은 상황이다. ─옮긴이) 사실 이 단계에서는 그 어떠한 합의도 존재하지 않으며, 만약 선거가 내일 치러진다면 그 결말이 어떻든 간에 아무것도 이루어지지 않을 가능성이 크다. 이러한 통합이 왜, 어떻게 이루어져야 하는지(개인적이며 원천징수되는 사회보장분담금이 가족의 확인소득세를 포함해야 하는가, 아니면 소득세가 사회보장분담금을 포함해야 하는가?)를 아무도 명확하게 말하지 않았기 때문이다. 그러나 이 문제에 대한 견해는 사회당PS: Parti Socialiste이나 대중운동연합UMP: Union pour un Mouvement Populaire(2015년에 공화당Les Républicains으로 당명을 변경함─옮긴이)의 의원들 수보다 더 다양한 상황이다.

우리는 이 책에서 명확하고 수치화된 해결책을 제안한다. 즉, 사회보장분담금은 소득세에 완전히 포함되되 누진세율표의 적용을 받아야 한다는 것이다. 이 해결책은 제약을 피하고 개혁으로 나아갈 수 있는 최상의 방법으로 보이는데, 현재의 소득세는 각종 조세 감면으로 얼룩져 있고 너무나 복잡해 더 이상 개선될 수 없기 때문이다.

물론 누구나 명확하게 수치화할 수 있다는 조건하에서 얼마든지 다른 의견을 가지고 대안적 해결책을 제시할 수 있다. 바로 이것이 이 책과 연관된 사이트, www.revolution-fiscale.fr이 실현하고자 하는 바다. 이 사이트의 목표는 여러 가능한 개혁에 관해 시민이 의견을 내게끔 하는 것이며, 그와 동시에 정치책임자가 책임을 지고 구체적 공약을 내걸 수 있도록 강제하는(돕는) 것이다.

책과 인터넷 사이트 활용법

www.revolution-fiscale.fr은 다양한 기술적 혁신에 기반을 두고 있다. 먼저 이는 프랑스에서, 그리고 우리가 알기로는 전 세계에서도 최초로, 대규모의 세제 개혁이 가져오는 경제적·사회적·예산적 영향을 실시간으로 계산하게 해주는 모의실험 장치다. 하나 예를 들자면, 수십억 유로의 예산에 관련된 그 어떤 세율표 수정이라 해도 단 4초 만에 모의실험할 수 있다. 이러한 모의실험이 프랑스 인구를 대표하는 가상 개인 약 80만 명에 대한 세금 계산에 기반을 두고 있다는 점을 감안하면 엄청나게 빠른 계산 속도라고 할 수 있다.

이러한 유형의 모의실험 장치는 지금까지 재무부 또는 미국의 의회 예산국 같은 특정 국가의 의회에서만 사용 가능했다. 프랑스의 경우, 상원이나 하원 모두 이러한 종류의 도구를 갖추지 못해 새로운 세제 개정안이나 예산 수정안이 제안될 때마다 계산 수치를 얻기 위해 의원들이 재무부에 일일이 문의해야 한다. 이는 현실적으로 입법부의 발의 및 통제 가능성을 매우 제한하며, 프랑스에서 행정부의 권력이 지배적이라는 사실을 보여준다. 이 인터넷 사이트를 통해 우리는 모든 시민, 특히 의원들의 손에 이러한 도구를 쥐어주고자 한다.

모의실험 장치의 가장 주요한 기술적 혁신은 소득세, 자본세, 소비세, 사회보장기여금 등 필수과세 전체를 계산에 넣었다는 점이다. 구조적으로 볼 때 평균세율은 남녀노소 불문하고 필수과세율과 동일하며, 2010년에는 국민소득NI의 49퍼센트였다. 이는 지금까지 행해지지 않았던 프랑스 조세제도 전체의 누진세율 분석을 가능하게 해주며, 소득세뿐만 아니라 과세 전체의 모의실험을 제공해준다. 모의실험 장치는 대체소득(퇴직연금, 실업급여)이나 순수이전소득(가족수당, 사회적 미니멈minima sociaux(실직 상태의 사회취약계층을 대상으로 하는 사회보장지원금의 일종), 주거급여)이든 할 것 없이 이전소득(생산활동에 공헌한 대가로 받는 소득이 아니라 생산에 직접 기여하지 않고 정부나 기업으로부터 받는 소득—옮긴이) 전체를 포함한다.

이러한 혁신은 기술적 진보(서버의 계산 능력 증대)와 경제학 연구의 진척(특히 소득과 세습재산 분배, 그것들의 통계적 형태 및 세금 부담, 최적 과세에 대한 연구)에 힘입어 가능했다. 기술적으로, 모의실험 장치는 약 80만 명의 가상 개인에 대한 관찰 자료와 수백 개의 변수(나이, 성별, 가족 상황, 소득, 세습재산 등)를 포함하는 파일에 기반을 두고 있다. 이는 그 안의 어떤 개인적 정보도 실제 존재하는 개인의 정보와 일치하지 않는다는 점에서 가상의 파일이라고 할 수 있다. 또한 이 파일들이 전체적으로 프랑스 인구를 완벽하게 대표할 수 있도록 모든 관찰 자료는 무작위 추출로 산출되었다.

이 가상 파일을 구성하기 위해 우리는 거시경제적 데이터(국민계정), 인구통계학적 데이터, 통계청INSEE의 다양한 조사 자료(고용, 주택, 가족 예산, 세습재산 등)와 조세 데이터(소득 및 재산, 상속 신고에서의 발췌 및 집계 분석) 등 공공 접속이 가능한 다양한 출처에서 나온 비가공 정보를 이용했다. 예를 들어, 가상 파일은 소득신고에서 실제로 관찰된 백분위수 소득 분배를 완벽하게 재현하여 모의실험의 신뢰성을 보장한다. 어떠한 관찰 자료도 실제 개인의 자료와 일치하지 않기 때문에 통계적·세무적 비밀 원칙을 확실히 준수하는 셈이다. 순전히 통계 법칙 및 공공 데이터에만 의거하며 특정 개인과 관련 없는 이 파일로부터는 어떠한 직간접적 기명記名 정보도 추출되지 않는다. 게다가 이것 외에는 이러한 세무적 모의실험 장치를 프로그램하는 방법이 기술적으로 존재하지 않는다. 기존의 어떠한 기명 파일도 필수과세 전체를 모의실험하기 위해 필요한 모든 변수를 수집할 수는 없기 때문이다.

이처럼 프랑스 세무 시스템을 모의실험하기 위해 사용된 가상 개인 파일과 정보 프로그램 전체를 www.revolution-fiscale.fr 사이트 온라인상에서 이용할 수 있다. 다만 이 파일과 프로그램을 이용하는 사람들은 그 출처를 밝혀주길 바란다. 자동 프로세스를 통해 2005년부터 2012년까지의 어느 해라도 모의실험 장치를 작동시킬 수 있으며, 새로운 데이터와 경제 예측이 사용 가능해짐에 따라 앞으로 몇 달 혹은 몇 년 동안 파일과 프로그램이 정기적으로 업데이트될 예정이다.[1]

우리는 최대한 정확하게 모의실험 장치를 프로그램하고자 최선을 다했지만, 약간의 오류를 배제할 수는 없다. 프로그램의 개선이나 사용된 방식의 부조화에 대해(특히 여러 과세의 세무적 부담에 대한 우리의 가정과 관련하여) 제보해줄 네티즌과 독자에게 미리 감사의 말을 전한다. 수정 사항은 온라인상에 정기적으로 업데이트할 것이다.

또한 관심 있는 독자들은 www.revolution-fiscale.fr 사이트에서 이 책에 소개된 수치, 도표, 그래프 전체에 관한 세부 사항을 제공하는 부록을 찾아볼 수 있다. 이는 소득과 세습재산의 문제, 더 나아가 세금의 문제가 본래 대단히 논쟁적인 주제이니만큼 더욱 필수적이라고 할 수 있다. 사용된 원전과 방식에 대한 정확한 언급 없이 수치만 들이대는 경우가 적지 않은데, 우리의 경우 모든 것이 자료로 뒷받침되었으며, 모든 계산과 추산을 가장 작은 세부 사항까지 재현할 수 있다. 여기에 대해서도 잠재적인 오류나 개선 사항을 제보해줄 독자에게 미리 감사의 말을 전한다.

제1장

프랑스의 소득과 세금

프 랑스에서 세금에 관한 토론은 너무나 자주 '프랑스인 중 절반만 세금을 낸다'라는 문장으로 시작해 풍자로 끝나버리고 만다. 소득세 외에 다른 세금이 있다는 사실을, 그리고 소득세가 전체 필수과세의 단 6퍼센트(8200억 중 500억 유로)만 대표한다는 사실을 잊고 있는 셈이다. 나머지 94퍼센트는 주로 저소득층이 내고 있다.

건강하고 공론화된 토론에 이르기 위해서는 오늘날 프랑스의 소득과 세금에 대해 하나의 관점을 갖는 것부터 시작해야 한다. 그것이야말로 이 책이 할 수 있는 가장 중요한 기여다. www.revolution-fiscale.fr 사이트는 프랑스인에게 실제 징수되는 각종 세금 전체를 계산하게 해주는 최초의 도구로, 이는 무엇보다도 민주적 투명성을 행사하는 것이다. 민주적 투명성 없이는 그 어떠한 대규모 개혁도 생각할 수 없다.

1인당 연평균소득 3만 3000유로

——

프랑스인의 진정한 평균소득은 얼마나 될까? 이 질문에 답하기 위해서는 먼저 '국민소득' 개념부터 소개하는 것이 편리할 것이다. 이는 우리가 이 책에서 자주 사용하는 것으로, 소득을 가장 큰 규모로 분석할 수 있게 해주는 개념이다. 국민소득은 한 국가의 거주자가 보유한 세전소득 전체를 가리키며, 기존 세금제도에 연관되어 있는지 여부와는 상관없이 모든 법적 형태의 소득을 포함한다.

국민소득은 '국내총생산GDP' 개념과 밀접하게 연결되어 있다. GDP라는 개념은 공공토론에서 곧잘 사용되는데, 이 GDP와 국민소득 사이에는 굉장히 중요한 두 가지 차이점이 있다. GDP는 한 국가 영토 안에서 1년 동안 생산되는 상품과 서비스의 총량을 말한다. 국민소득은 이러한 생산을 실현하게 한 자본의 가치 하락, 즉 1년 동안 사용된 건물, 자재, 컴퓨터, 전구 등의 마모를 GDP에서 뺀 값이다. 2010년에 무려 2800억 유로(GDP의 14퍼센트)로 추정된 상당한 금액의 가치 하락은 그 누구의 소득으로도 돌아오지 않는다. 마모된 자본을 교체하거나 보상한 후에야 노동자에게 소득을, 주주에게 배당금을 분배하거나 새로운 투자를 실현할 수 있기 때문이다. 만약 이것을 하지 않는다면 세습재산의 손실로 이어져 결국 소유자의 마이너스 소득이 된다.

이후 GDP에 외국에서 발생한 실질소득을 더해야(혹은 국가의 상황에 따라 외국에서 납입된 실질소득을 공제해야) 한다. 예를 들어, 국가 전체의 기업과 생산자본이 외국 주주 소유인 나라는 GDP가 굉장히 높을 수 있지만, 외국으로 지급되는 이익을 제하고 나면 국민소득은 매우 낮을 것이다. 그러나 2010년 당시 프랑스는 이 두 번째 수정 단계를 거친 후에도 큰 차이가 없었다. 통계청과 프랑스 중앙은행에 따르면, 프랑스 거주자가 금융투자를 통해 소유한 외국 자본은 외국 거주자가 소유한 프랑스의 자본과 비슷한 수준이다. 그러므로 이자와 배당금 등의 유입 및 유출은 거의 평형을 이루며, 심지어 실질외화소득은 약간 흑자인 것으로 (100억 유로 흑자. GDP의 1퍼센트 미만) 나타난다. 끈질긴 통념과는 달리, 프랑스의 자본을 캘리포니아 연기금이나 중국 은행이 소유한 게 아니었

1-1 국내총생산에서 국민소득까지(2010년)

2010년 프랑스인의 세전 평균소득은
1인당 연간 3만3000유로(월간 2800유로)였다.

국내총생산GDP (2010년): 1조9500억 유로 (100%)	마이너스: 자본의 가치 하락. 2800억 유로(14%)	= 국민소득: 1조6800억 유로(87%) 성인 인구 5040만 명으로 나누면, 세전 평균소득 = 1인당 연간 3만3300유로 (월간 2800유로)
	플러스: 실질외화소득. 100억 유로(1%)	

출처: 통계청, 국민계정체계. www.revolution-fiscale.fr Le livre 메뉴의 Annexes aux chapitre 1, 2, 3 파일 참조.

던 것이다.

요컨대 2010년 프랑스의 국민소득은 1조6800억 유로로, 이는 프랑스의 성인 약 5040만 명 각각에 대해 약 3만3000유로의 연평균소득(2800유로의 월평균소득)에 해당하는 셈이다. 현재 성장률이 매우 낮다는 점을 감안하면, 이 수치는 2011년과 2012년에도 크게 변하지 않을 것이다.(세계은행에 따르면, 2010년부터 2014년까지 프랑스의 GDP 연간 성장률은 각각 2.1, 0.2, 0.7, 0.2퍼센트였다.―옮긴이)

간단히 설명하자면, 이 국민소득은 모든 경제학 및 사회학 통계수치와 마찬가지로 하나의 추산일 뿐, 수학적 확실성은 아니다. 그러므로 이를 맹신해서는 안 되며, 단지 우리가 가진 최선의 추산 결과일 뿐이다. 물론 GDP와 국민소득의 측정으로 귀결되는 국민계정(일정 기간에 국민경제의 모든 구성원이 이룩한 경제활동의 성과 및 자산과 부채 상황을 정리해 보여준 것―옮긴이)은 완벽하지 않으며, 개선되어야 한다. 그러나 이는 한 국가의 경제활동을 체계적이고 일관성 있게 분석하는 유일한 시도라고 할 수 있다. 특히 국민계정은 관찰된 생산 및 유통 흐름(세무적 개념보다 훨씬 크며, 특히 현행법의 불안정성 및 조세 회피 전략과는 무관한)에 맞춰 소득과 부의 경제적 개념을 측정하고자 한다. 현재 프랑스에서 국민계정은 금융·비금융회사의 대차대조표와 회계장부뿐 아니라 기타 다양한 정보와 통계 자료를 모으고 대조하여 통계청과 프랑스 중앙은행이 작성하고 있다. 그러므로 이를 맡은 공무원이 서로 다른 정보 간의 불일치를 추적하고 가능한 한 최선의 추산에 이르기 위해 최선을 다하지 않을 것이라고 선입견을 가질 이유는 전혀 없다. 다만 국민계정에는 커다란 한계

점이 존재하는데, 구조적으로 이 개념은 분배와 불평등을 고려하지 않은 채 총량과 평균만 신경 쓴다는 점이다. 소득과 부, 세금을 분배하기 위해서는 다른 정보를 동원해야 하며, 바로 이것이 www.revolution-fiscale.fr 사이트가 기여하는 바다. 그러나 소득과 세습재산의 총량에 관해서라면 언제나 국민계정에서부터 출발해야 한다.

또한 이러한 추산이 세전 평균소득과 일치한다는 점도 명확히 하자. 만약 프랑스인이 어떤 종류의 세금도 내지 않는다면, 1인당 월평균 2800유로를 손에 넣게 될 것이다. 추후 살펴보겠지만, 프랑스인은 실제로 국민소득의 거의 절반을 공공서비스, 인프라, 사회보장제도의 재원이 되는 각종 세금에 할애하고 있다. 그런데 이 2800유로라는 월평균소득은 다른 모든 평균 수치와 마찬가지로 엄청난 격차를 감추고 있다. 많은 사람의 월소득이 2800유로에 훨씬 못 미치는 반면, 다른 사람들은 그보다 수십 배 높은 소득을 올린다. 이 수치는 단지 생산과 국민소득의 전반적인 수준을 수정하지 않고 동일한 소득을 분배한다면 1인당 매월 2800유로를 받게 될 것이라는 사실을 의미할 뿐이다.

실제로 소득 격차는 노동소득의 불평등, 그리고 자본소득의 훨씬 더 심각한 불평등으로 설명된다. 이러한 자본소득의 불평등은 세습재산의 극단적인 집중에서 기인한다. 오늘날 프랑스 내부의 소득 격차 규모를 조사하기 이전에, 우리 책에서 중요한 역할을 하며 공공토론에서 종종 혼란의 원인이 되기도 하는 이러한 개념들(소득 대 세습재산, 노동소득 대 자본소득)에 주의를 기울이는 편이 유용할 것이다.

세습재산: 약 6년 치의 소득

———

소득이란 일종의 유출입되는 자본의 개념으로, 프랑스인의 연평균소득은 3만3000유로다. 반면, 세습재산은 축적자본이다. 국민세습재산은 프랑스 거주자가 특정 시점에 소유하고 있는 모든 것의 총 가치로 정의된다. 이는 가계가 소유한 부채(특히 부동산 대출)를 제외한 비금융자산(주택, 토지, 영업재산 및 기타 기업재산)과 금융자산(은행계좌, 저축, 채권, 주식, 회사 지분, 보험 등)의 합계를 말한다.[1] 통계청과 프랑스 중앙은행에 따르면, 프랑스 거주자는 2010년 약 9조2000억 유로의 금융·비금융자산(부채 제외)을 보유했으며, 이는 1인당 18만2000유로 이상에 달한다.[2]

요약하자면, 오늘날 프랑스에서는 성인 한 명당 연평균 3만3000유로(월평균 2800유로)의 세전소득과, 6년 치 평균소득에 해당하는 18만2000유로의 세습재산을 보유하고 있다. 2010년에 이 세습재산 총액은 '부동산자산'(주거주지, 부거주지의 부채 제외 가치)과 '금융자산 및 기업자산'(기업가치를 대략적으로 반영하는)이라는 두 가지로 거의 완벽하게 절반으로 나뉘었다. 간단히 정리하자면, 각 성인은 평균적으로 부동산 분야에서 9만1000유로를, 기업가치 분야에서 9만1000유로를 보유하고 있는 셈이다.

이처럼 세습재산이 동일하게(혹은 비슷하게) 절반으로 나뉘는 현상은 대부분의 선진국에서 찾아볼 수 있으며, 자본의 두 가지 중요한 경제적 기능과 일치한다. 자본(즉, 즉각적 소비가 아니라 추후 사용을 위한 가치 축적)은 거주지를 구하는 데(주거서비스를 생산하는 데) 용이하며, 이와 마찬가지로 생산자본은 기업이 다른 상품과 서비스를 생산하는 데(그리고 이러한 생산을 실현하고자 사무실과 자재, 설비 등을 마련하는 데) 용이하다.

금융위기로 프랑스인의 자산은 2008년 이후 약간 줄어들어 9조5000
억 유로(1인당 19만2000유로)를 기록했다. 그러나 이 수치를 다시 살펴보
면, 지난 100년 동안 세습재산이 지금처럼 호조를 띤 적이 없다는 사실
을 알 수 있을 것이다. 현재 사유세습재산은 국민소득의 약 6년 치에 해
당하는데, 1980년에는 4년 치 미만, 1950년에는 3년 치 미만에 해당했
다. 프랑스의 세습재산이 지금처럼 번영을 누렸던 시기를 보려면 사유세
습재산이 국민소득의 6년 치, 심지어는 7년 치에 달했던 벨 에포크Belle
Epoque 시대(1900~1910)까지 거슬러 올라가야 한다. 이와 같은 완만한 자
산 재편성 현상은 경제적·정치적·증권적·군사적·사회적인 면이 뒤섞인
본질적이고도 복잡한 역사적 과정으로, 우리가 다른 관점으로 분석한
바 있으며 여기서는 좀 더 상세한 방식으로 검토할 수 있는 현상이다.[3]

여기서 주목할 점은 생산과 노동소득이 상대적으로 느린 속도로 성장
하고 있는 반면, 세습재산(그리고 거기서 나온 소득)은 굉장히 호조를 띠고
있으며, 지난 몇십 년간 무서운 속도로 증가해왔다는 사실이다. 이것이
세습재산과 거기서 기인한 소득을 세무적으로 공격해야 한다는 이야기
는 분명 아니다. 자본은 필수적인 경제적 기능을 수행하는 만큼, 자본이
늘어난다는 사실은 오히려 좋은 소식에 가깝기 때문이다. 자본에 과세함
으로써 세상의 모든 문제를 해결할 수 있다는 견해는 명백히 착각에 불
과하다. 어쨌든 이러한 사실은 자본소득보다 노동소득에 더 많이 과세
하는 조세제도가 우리 시대에 맞지 않으며, 오로지 노동으로 살아가는
사람들에게는 당연히 불공정하다는 의혹을 강하게 불러일으킬 수 있다

는 것을 보여준다.

그런데 이처럼 노동으로 살아가는 사람의 수는 굉장히 많다. 세습재산은 실제로 극도로 집중되어 있다는 특징을 띠는데, 2010년 프랑스의 1인당 평균 세습재산 18만2000유로라는 수치는 상당한 격차를 감추고 있다. 수백만 명에 이르는 임차인(혹은 실질자산이 흑자가 아닌, 부채가 심각한 임대인)에게 세습재산은 종종 겨우 몇천 유로에 불과하다. 수년 치 소득이 아니라 겨우 두 달 혹은 세 달 치 급여를 미리 예금 또는 적금해놓은 수준인 것이다.

우리가 www.revolution-fiscale.fr에 모아놓은 다양한 자료(국민계정, 조사, 세무 데이터)를 대조함으로써 알 수 있는 바와 마찬가지로, 현재의 세습재산 분배는 실제로 다음과 같은 형태다. 세습재산으로 따졌을 때 50퍼센트의 가장 빈곤한 프랑스인, 즉 총 성인 인구 약 5000만 명 중 2500만 명은 평균 1만4000유로의 자산을 보유하고 있으며, 집단으로 볼 때 전체 세습재산의 4퍼센트에 못 미치는 정도를 점하고 있다. 반면, 세습재산에서 10퍼센트의 가장 부유한 프랑스인(500만 명)은 평균 110만 유로의 자산을 보유하고 있으며, 집단으로 볼 때 전체 세습재산의 62퍼센트를 점하는 셈이다. 이 두 그룹 사이에 있는 40퍼센트의 중산층(2000만 명)은 평균 15만4000유로를 보유하고 있으며, 전체 세습재산의 34퍼센트를 점하고 있다.[4] 이러한 개념을 명확히 하기 위해 이 세 부류의 사회적 그룹을(비록 그 경계와 명칭이 임의적인 성격을 띠긴 하지만) '빈곤층' '중산층' '부유층'으로 지칭하겠다.

이러한 종류의 세습재산 분배(빈곤층은 5퍼센트 미만, 중산층은 약

1-2 2010년 프랑스의 세습재산 분배

그룹	성인의 수	1인당 평균 세습재산	전체 세습재산 중 차지하는 비율
전체 인구	5000만 명	18만2000유로	100%
빈곤층 (하위 50%)	2500만 명	1만4000유로	4%
중산층 (중간 40%)	2000만 명	15만4000유로	34%
부유층 (상위 10%)	500만 명	112만8000유로	62%
이 중 중상층(9%)	450만 명	76만8000유로	38%
이 중 최상층(1%)	50만 명	436만8000유로	24%

해석: 2010년 빈곤층(하위 50퍼센트 계층)은 1인당 평균 1만4000유로로의 세습재산을 보유하고 있으며, 집단으로 볼 때 가계 전체 세습재산의 4퍼센트를 점하고 있다.
출처: www.revolution-fiscale.fr Le livre 메뉴의 Annexes aux chapitre 1, 2, 3 파일 참조.

30~35퍼센트, 부유층은 60퍼센트 이상)는 대부분의 유럽 국가에서 나타나는 현상이다. 미국의 경우, 자산 집중 현상이 이보다 훨씬 더 극심하다.[5]

모든 국가, 그리고 우리가 데이터를 갖고 있는 모든 시대에서 빈곤층은 언제나 전체 세습재산의 10퍼센트 미만을, 부유층은 50퍼센트 이상을 보유했다. 지금으로부터 1세기 전인 1900~1910년경에는 상위 10퍼센트가 차지하는 비율이 전체 세습재산의 90퍼센트를 넘어설 정도로 더 높았다.[6] 다시 말해, 10퍼센트의 부유층이 자본의 거의 전체를 점유한 것이다. 이 경우, 40퍼센트의 중산층이 50퍼센트의 빈곤층과 비슷하게 빈곤하다는 점에서 엄밀한 의미의 중산층은 존재하지 않는다. 한 가지 분명한 사실은, 20세기 동안에 중산층, 즉 개인적으로 어마어마한 부를 보유하고 있지는 않지만(15만 유로의 세습재산으로는 그렇게 부유하지도, 빈곤하지도 않다) 집단적으로는 국민세습재산의 3분의 1을 점한 중산층이 출현한 것은 상당한 사회적·정치적 영향을 미친 주요한 역사적 발전이라는 점이다. 여기에 언제나 국민재산의 거의 3분의 2(그리고 금융자산의 5분의 4)가량을 점하는 10퍼센트의 부유층과, 아무것도 갖지 못한 50퍼센트의 빈곤층이 남는다. 옛날이나 오늘날이나 세습재산은 매우 집중되어 있는 셈이다.

이러한 상황에 그저 한탄할 수도 있다. 그러나 이러한 격차의 원인을 이해하고 여기서 결과를 이끌어내는 것이 더 유용할 것이다. 먼저 재산의 불평등은 라이프 사이클의 영향과는 별로 관련이 없다. 전반적으로 노인층이 청년층보다 부유한 것은 사실이지만, 부의 집중 현상은 프랑스 인구 전체에서나 연령별 집단 내부에서나 마찬가지로 강하게 나타난다. 즉, 청년층이든 노인층이든 대다수가 거의 아무것도 소유하지 못한 반면, 소수가 많은 것을 독점하고 있는 것이다. 널리 퍼진 통념과 달리, 세대 간 갈등은 계급 간 갈등을 대체하지 못했다. 세습재산의 극심한 집중은 무엇보다도 대규모의 상속재산과 여기서 발생하는 축적 효과(예를 들어, 아파트 한 채를 물려받아 집세를 낼 필요가 없다면 저축하기가 훨씬 쉽다)로 설명할 수 있다. 세습재산의 수익이 대체로 예측 불가능하며 종종 엄청난 가치를 발생시키기도 한다는 사실 역시 중요한 역할을 한다.

최근의 연구 자료에 따르면, 두 차례의 세계대전을 경험했던(스스로 많은 것을 축적해야 했던) 세대에게는 상대적으로 제한적이었던 상속재산이

1970~1980년대에 태어난 세대에게는 19세기와 동일한 중요성을 되찾고 있는 것으로 드러났다. 전쟁의 영향 못지않게 이러한 상황의 원인이 된 것은 성장률 감소다. '영광의 30년Trente Glorieuses'(제2차 세계대전 이후 고속 성장에 따른 경제 부흥을 경험한 1945~1973년을 가리키는 용어―옮긴이) 당시 의 강력한 성장 덕분에, 과거 세습재산의 수준은 새로이 꾸려진 저축에 비해 상대적으로 미미했다. 반면, 성장률이 자본수익률보다 낮은 시기에 는 과거의 재산이 지배적이다.[7]

구체적으로 말하자면, 이는 오로지 자신의 노동을 통해서만 재산을 축적해야 하는 오늘날의 사람들에게는 굉장히 어려운 상황이라는 사실 을 의미한다. 다른 대도시와 마찬가지로 파리에서도 상속이나 증여를 받 는 이들이 대부분 임대인이 되며, 월급밖에 받지 못하는 이들이 이 임대 인들에게 임대료를 지불한다. 이 역시 자본과 그로 인한 소득을 세무적 으로 공격해야 한다는 뜻은 아니다. 오히려 노동소득에 부과되는 세금 을 경감하는 것이 절대적인 우선과제임을 보여준다.

노동소득 대 자본소득: 75퍼센트 대 25퍼센트

소득 분석으로 되돌아가보자. 세습재산은 축적자본이다. 그러나 이 축적 자본은 매년 자본소득 흐름을 야기하는데, 이는 임대료, 이자, 배당금, 이윤 등 다양한 법적 형태로 나타난다.

이 책에서 우리는 임금 형태의 직업활동 수행에 연관되거나 비임금 직업(변호사, 의사, 기업주 등)에 연관된 소득 전체를 '노동소득'으로 묶고 있다. 반대로, 부동산 및 금융 세습재산 소유와 연관된 소득 전체, 소유자가 그 소득을 얻기 위해 일할 필요가 없는 소득 전체를 '자본소득'으로 묶고 있다. 이러한 정의에서 보면, 현재 노동소득은 국민소득의 약 75퍼센트를, 자본소득은 약 25퍼센트를 차지하고 있음을 발견할 수 있다.

이는 일차소득, 즉 세전소득의 분배를 따진 수치다. 자본소득이 차지하는 이 25퍼센트의 비율은 실제로는 약간 과소평가되었다. 사실 비임금 직업의 소득은 변호사, 의사 등의 노동과 이들이 자신의 활동에 투자한 자본(의료 자재, 영업재산, 영업 장소 등)에 대한 대가로 받는 소득이기 때문에 '혼합소득'이며, 이 두 요소는 엄밀하게 구분되지 않는다. 정확하게 측정하기 어려운 이 비임금 자본소득을 더한다면, 자본소득은 국민소득 전체에서 27~28퍼센트 정도에 달할 것이다. 그러나 분석을 단순화하기 위해 우리가 규정한 대로 밀고 나가겠다.

요약하자면, 세습재산은 국민소득의 약 6년 치에 가까운 축적자본에 해당하며, 세습재산에서 기인하는 소득은 국민소득의 25퍼센트에 달하는 현금 흐름을 낳는다. 이는 4~4.5퍼센트의 세전 평균 자본수익률에 해당한다. 다시 말해, 18만 유로의 세습재산은 연평균 8000~9000유로, 월평균 700유로의 수익을 가져다주는 것이다.

이러한 평균 수익률은 분명 막대한 격차를 숨기고 있다. 금융자산, 특히 위험이 높은 주식 등은 부동산자산보다 더 높은 수익률을 보인다. 그렇기 때문에 금융자산이 전체 세습재산의 절반만 차지하더라도 금융소득이 전체 자본소득 흐름의 약 3분의 2를 차지하는 것이다. 금융소득(이

29

자, 배당금, 기타 금융수입)은 현재 2700억 유로에 달하며 토지소득(대출이

자를 제외한 실질임대료와 귀속임대료)은 1400억 유로에 달해, 자본소득은

총 4100억 유로에 달한다.(국민소득 1조6800억 유로[8]의 25퍼센트에 해당.)

물론 우리는 임차인에게 빌려주었든(실질임대료의 경우) 임대인 본인이

거주하든(귀속임대료의 경우) 모든 주거지 전체의 임대수입을 토지소득에

포함한다. 왜냐하면 이 두 경우 모두 부동산에서 나오는 주거서비스의

가치는 동일하기 때문이다. 그리고 귀속임대료를 무시하는 것은 수익 없

는 재산을 가지게 되거나(이런 재산을 왜 소유하겠는가? 실질적으로 이는 임

대료를 내지 않기 위해서다), 각자가 이웃의 아파트에 세 들어 살아 그 나

라의 국민소득이 증가하게 되는 기이한 결과로 이어질 것이다.

국민소득 중 노동소득과 자본소득의 분배는 역사적으로 어떻게 변화

해왔을까? 보통은 이 노동소득과 자본소득이 강력한 안정성을 이루었다

고 말하며, 케인스John Maynard Keynes가 주장한 이 두 소득 간의 안정성

이야말로 정치경제학에서 가장 확실하게 입증된 법칙이다. 하지만 현실

은 훨씬 더 복잡하다. 프랑스에서 자본소득의 비율은 지난 몇십 년간 증

가해왔는데, 한편으로는 1990~2000년대의 수익률이 1950~1960년대

의 수익률 수준을 되찾았기 때문이며(1970~1980년대의 하락기 이후), 다

른 한편으로는 제2차 세계대전 이후 임대료 수준이 국민소득보다 훨씬

더 빨리 증가했기 때문이다. 요컨대 자본소득(당연한 일이지만 그것이 유래

한 세습재산과 마찬가지로)은 벨 에포크 시대에나 볼 수 있었던 번영의 시

기를 21세기 초에 다시 맞이하게 된 것이다.[9]

소득 피라미드: 부자는 그리 많지 않다

————

어느 사회에서나 소득 피라미드는 노동소득과 자본소득이라는 두 가지 위계질서의 총합이라고 할 수 있다. 다행스럽게도 이 두 가지는 절대로 완전히 일치하지는 않는 경향을 보인다. 세습재산은 없지만 높은 수준의 노동소득을 받는 이가 있는가 하면, 반대로 높은 가치의 세습재산을 소유하고 있지만(예컨대 상속을 받거나 시세차익 덕분에) 노동소득이 미미하거나 거의 없다시피 한 이도 있기 마련이다. 실력주의가 지배하는 우리 사회에서 요구되는 목표는 전자에 해당하는 사람들이 나아갈 수 있도록 도와주는 것이지만, 그렇다고 해서 후자의 사람들을 공격할 일은 아니다. 왜냐하면 자본은 모두에게 유용하기 때문이다. 이에 대해서는 모두 동의하리라고 생각한다.

그러나 적어도 두 가지 요소로 인해 이 목표의 실제 영향을 세무적 차원에서 구체적으로 정의하기 어려우며, 이러한 문제는 늘 격렬한 정치적 분쟁을 낳고 있고 앞으로도 계속 그럴 것이다. 첫째, 우리의 조세제도는 극단적일 정도로 복잡해 누가 얼마를 낼지 파악하는 데서조차 합의에 도달하기 어렵다. 이 책의 첫 번째 목표는 조세제도를 최대한 투명하게 만드는 것이라고 할 수 있다.

두 번째 어려움은 훨씬 더 심각한 것이다. 실제로 세무적·정치적 분쟁은 재산과 소득 피라미드의 정확한 형태에 대한 의심에서 자라난다. 혹자는 부자들의 수와 그들이 국민소득에서 차지하는 비율을 훨씬 더 과대평가하며, 이들에게 더 많은 과세를 함으로써 모든 것을 해결할 수 있다고 생각하는 것으로 보인다. 또 다른 이들은 반대로 그 몫을 과소평가하며, 그들에게서는 아무것도 기대할 게 없다고 섣불리 결론을 내린다. 부의 분배를 알기에 우리가 갖춘 자료들이 불완전한 만큼, 이 분쟁을 끝내자는 주장은 멋모르는 소리에 불과할 것이다. 그러나 조세제도를 투명하게 하고자 하는 우리의 노력은 이러한 분쟁이 덜 이데올로기적이고 덜 비생산적이 되게 하며, 유익한 질문들에 집중하게 하는 데 기여할 수 있다. 확실히, 부자에게 더 많은 세금을 물려 세상의 모든 문제를 해결할 수 있을 정도로 부자의 수가 많은 것은 아니다. 그렇다고 해서 가난한 이보다 부자에게 세금을 덜 물려야 할까? 당연히 그렇지 않다. 더군다나 높은 자본소득이 상대적으로 호황을 누리고 있는 지금과 같은 시기에는 더더욱 아니다.

먼저 대략적인 규모에 익숙해질 필요가 있다. 우리는 앞서 가장 부유한 10퍼센트가 전체 세습재산의 62퍼센트를 독식해 세습재산이 매우 집중되어 있다는 사실을 확인했다. 자본소득 역시 구조적으로 이와 같다. 심지어는 그보다 더 집중되어 있는데, 높은 가치를 지닌 세습재산이 종종 주식에 투자되어 있기 때문이다. 그러나 자본소득은 국민소득의 25퍼센트만을 차지할 뿐이며, 노동소득으로 이루어진 나머지 75퍼센트는 약 25퍼센트의 상위 십분위가 차지하는 비율을 고려할 때, 자본소득보다 훨씬 더 평등하게 분배되어 있다. 노동소득과 자본소득을 더해 얻어진 이 소득의 전체 피라미드를 살펴보면, 10퍼센트의 최상위소득자가 국민소득의 31퍼센트를(62퍼센트가 아니라) 차지하고 있음을 알 수 있다.

이 최상위소득자 10퍼센트 내부에는 상당한 격차가 존재한다. 1퍼센트의 최상위소득자는 월평균소득이 3만300유로(인구 평균소득의 열 배)에 달하는 반면, 나머지 9퍼센트는 월평균소득이 6100유로(평균소득의 약 두 배)에 불과하다. 상위 1퍼센트는 자본소득의 절반으로(수백만 유로의 소득 중 자본소득 비율이 90퍼센트에 달한다) 삶을 영위하는 반면, 나머지 9퍼센트는 인구 평균처럼 노동소득의 4분의 3으로 삶을 영위한다.

1990년대 말부터 2000년대까지 상위 1퍼센트의 소득은 평균소득에 비해 훨씬 더 빨리 증가했다. 이는 세습재산으로 인한 소득이 호조를 띠고 있으며, 연간 수십만 유로에 달하는 금융이나 대기업 임원 등의 임금

1-3 2010년 프랑스의 소득 분배

그룹	성인의 수	1인당 연간소득	1인당 월간소득	전체 소득 중 차지하는 비율
전체 인구	5000만 명	3만3000유로	2800유로	100%
빈곤층 (하위 50%)	2500만 명	1만8000유로	1500유로	27%
중산층 (중간 40%)	2000만 명	3만5000유로	3000유로	42%
부유층 (상위 10%)	500만 명	10만3000유로	8600유로	31%
이 중 중상층(9%)	450만 명	7만3000유로	6100유로	20%
이 중 최상층(1%)	50만 명	36만3000유로	3만300유로	11%

해석: 2010년 빈곤층(하위 50퍼센트 계층)의 1인당 연간 평균소득은 1만8000유로(월평균 1500유로)에 달하며, 집단으로 볼 때 가계 전체 소득의 27퍼센트를 차지한다.

출처: www.revolution-fiscale.fr Le livre 메뉴의 Annexes aux chapitre 1, 2, 3 파일 참조.(영구소득의 분배는 풀타임의 80퍼센트 이상을 근무하는 18~65세 인구 내 분배를 기반으로 하여 측정한다.)

이 평균임금에 비해 훨씬 더 빨리 증가했기 때문으로 설명된다. 비록 국민소득의 1~1.5퍼센트포인트만이 최상위소득자 계층으로 이동하긴 했지만, 한동안 이러한 현상은 특히 프랑스에서 상위 0.1퍼센트 소득자들에게 집중된 것으로 보인다.[10] 이는 아무것도 아닌 수준은 아니지만, 미국에서 관찰되는 충격적인 변화에 비하면 상대적으로 제한적이다. 미국의 경우, 국민소득에서 1퍼센트의 상위소득자가 차지하는 비율이 1976년에서 2007년 사이에 9퍼센트에서 24퍼센트로 15퍼센트포인트 증가했으며, 지난 30년간 미국 경제 성장의 절반을 흡수했다.[11] 그러나 미국과 동일한 규모의 변화가 있어야 우려할 만한 수준이라고 여긴다면 이는 잘못된 생각이다.

모두가 많은 세금을 낸다: 49퍼센트의 평균세율

소득과 세습재산에 대한 개괄적인 틀이 잡혔으니 이제는 우리의 분석에 세금을 도입해보겠다. 현재 염두에 두어야 할 첫 번째 핵심적인 점은 우리가 모두 높은 세금을 내는 사회에 살고 있다는 점이다.(법 준수를 거부하는 경우만 제외하고.) 필수과세 전체, 즉 모두 납부해야만 하는 다양한 세금, 사회기여금 등을 구체적으로 고려하면 2010년 총 조세수입이 약 8200억 유로에 달한다는 사실을 알 수 있다. 이는 1조6800억 유로의 국민소득 중 49퍼센트에 해당하는 수치다. 정당화될 수 있는 이전소득에 대한 과세를 생략한다면, 노동소득과 자본소득을 불문하고 일차소득의 평균세율은 45퍼센트에 달한다. 도입된 정의나 정책의 결함이 무엇이든 간에 확실한 점은, 우리가 우리 소득의 거의 절반을 다양한 세금으로 낼 것을 함께 선택했다는 것이다.

한탄만 하고 있을 수도 있다. 아무도 세금 내기를 좋아하지 않으니 세금을 하나부터 열까지 무조건 없애버리는 것이 바람직할지도 모른다며 말이다. 그러나 이러한 대중영합적이며 비생산적인 관점은 당연히 우리가 취하는 관점이 아니다. 여기서 우리의 목표는 단지 모두가 높은 세금을 낸다는 이러한 핵심적인 사실에 조치를 취하는 것이며, 이는 선진국에서 시행되는 조세제도에 대한 모든 고찰에서 전제조건이 되어야 한다. 이러한 단순한 사실은 세금상한제에 대한 토론이 지닌 터무니없는 성격을 보여주기에 충분하다. 완벽한 비례세율을 바라는 것이 아니라면, 평균세율이 49퍼센트에 달하는 나라에서는 누군가가 불가피하게 50퍼센트 이상을 세금으로 내야 하는 것이다. 우리는 더 나아가 2007년 프랑스에 수립된 이 기이한 제도를 재검토할 것이며, 이 세금상한제라는 제도는 이미 사라져야 할 때를 지나버렸다.

전반적인 세율이 실질적으로 50퍼센트에 달하는 것은 비단 최근의 현상만이 아니다. 프랑스의 필수과세율은 1950~1970년대에 빠르게 상승한 이후, 1980년대 중반에 GDP의 42~44퍼센트(국민소득의 48~50퍼센트) 정도에서 안정되었으며, 경기 변동에 따라 약간의 차이를 보였다.

그런데 전반적인 세율은 약 30년 전부터 더 이상 오르지 않았다. 공권력이 과하는 부담이 역사적으로 계속 증가하는 현상이 지속될 수는 없다는 명백한 사회적 합의가 도출되었던 것이다. 이는 아마도 30년 전부터 계속된 약한 성장세(영광의 30년 당시 연간 5퍼센트 이상이었던 것에 비해 현재는 2퍼센트 미만)로 어느 정도 설명될 수 있을 것이다. 소득이 높은 속도로 상승할 때, 생산되는 부의 일부를 공공서비스, 인프라, 사회보장제도 등 공공정책에 점점 더 많이 할애하는 것은 자연스러운 현상이다. 그러나 소득이 정체되어 있을 때, 시민 납세자들은 소득보다 세금이 더 빨리 증가하여 이 미약한 성장마저 축소시키길 바라지 않는다. 그렇다고 해서 전반적인 필수세율이 내려가는 것은 아니다. 우리는 45퍼센트의 세율로 재원 충당이 가능한 높은 수준의 서비스와 사회보장제도에 단단히 매여 있고, 이러한 공공정책을 대거 축소하고자 하는 정부는 오래가지 못할 것이기 때문이다.

이러한 높은 수준의 과세는 프랑스만의 특징이 아니다. 유럽연합의 평균 필수세율은 현재 GDP의 약 40퍼센트에 달하며, 북유럽 같은 유럽연합 부국들은 최대 50퍼센트에 육박하고 중앙유럽 및 동유럽 같은 저개발 국가들은 30퍼센트를 살짝 넘기는 수준이다.[12]

대부분의 강대국은 GDP의 40퍼센트(국민소득의 약 45퍼센트) 선에 위치하며, 프랑스가 지난 30년간 경험했던 안정화를 동일하게 경험했다. 절대적 수준으로 볼 때, 프랑스는 오히려 중상층에 위치한다고 할 수 있지만, 국가별 정책과 회계규약의 차이를 감안한다면 몇 퍼센트포인트의 격차는 그다지 유효하지 않다. 어쨌든 국민소득의 45~49퍼센트에 육박하는 전반적 세율이 매우 높은 수준이라는 사실을 알기 위해 세밀한 국가별 비교를 할 필요는 없는 것이다.

아무도 우리를 대신해 세금을 내주지 않는다

無엇보다 확실한 사실이 있다. 아무도 우리를 대신해 세금을 내주지 않는다는 것이다. 필수과세 전체를 내는 주체는 뼈와 살을 지닌 자연인自然人이다. '가계 납입 세금' 혹은 '기업 납입 세금'이라는 구분은 아무런 의미가 없다. 최종적으로 모든 필수과세는 가계에 의해 납입되기 때문이다. 기업은 본질적으로 기업이 지불해야 하는 모든 것을 노동자(임금을 줄임으로써)나 소유주(주주 배당금을 줄이거나 그들 이름으로 자본을 덜 축적하면서), 생산품의 소비자(소비자가격을 올림으로써)에게 전가한다. 이 모든 경우, 지불해야 하는 총액을 지불하는 것은 결국 자연인이다.

특히 순환출자나 금융중재기능의 복잡한 구조가 어떻게 되든 간에, 기업의 최종 소유주는 언제나 자연인이다. 가족주주나 증권투자신탁, 생명보험 계약 등 어느 방법을 통해서건 기업은 개인이 직접 혹은 간접적으로 소유하고 있다.(점점 더 보기 드문 예지만, 최종 소유주가 정부인 경우만 제외하고.) 또한 캘리포니아 연기금 따위를 통해 최종 소유주가 외국에 거주하는 자연인일 때도 있다. 이럴 때는 해당 기업 이윤에 대한 세금을 우리가 아닌 다른 누군가, 이 경우에는 외국에서 낼 거라고 짐작할 수 있다. 그러나 앞서 지적했던 바와 같이, 프랑스 거주자는 외국인이 보유한 프랑스 기업 지분만큼의(심지어는 약간 더 많은) 외국 기업 지분을 금융투자를 통해 보유하고 있다. 그리고 이들은 외국인이 프랑스에 내는 세금과 비슷한 세금을 외국에 지불하고 있다. 결국 이는 우리의 세금을 외국인이 내게 하기는 불가능하다는 사실로 귀결된다.

그러므로 세금 부담을 분석할 때 적절한 질문은 세무서에 세금을 납입하는 것이 누구인가(가계인가, 기업인가)가 아니라 세금의 최종 전가 대상이 누구인가. 세금이 노동으로만 먹고사는 사람에 의해 지불되는지, 자본을 소유한 사람에 의해 지불되는지, 그리고 특히 실효세율이 각자의 소득과 세습재산, 소비 수준에 따라 어떻게 달라지는지, 바로 이러한 질문이야말로 이 책과 www.revolution-fiscale.fr 사이트의 중심에 놓여 있는 것으로, 이 책과 사이트의 원칙은 필수과세 전체를 각자의 소득과 세습재산, 소비 수준과 구조에 따라 각 자연인에게 구체적으로 할당하는 것이다. 예를 들어, 법인세는 금융자본을 소유한 프랑스 거주자에게 금융소득에 따라 할당된다. 이러한 접근의 장점은 완벽한 투명성을 가능하게 한다는 것이다. 그 어떤 세금도 타격이 없지 않으며, 모든 것이 명확하게 정의된 사회적 그룹에 기반을 두게 된다.

세금은 어디에 쓰이는가?
—

도출한 결과를 펼쳐 보이기에 앞서 몇 가지 점을 확실히 하자. 먼저 세금은 구체적으로 어디에 쓰이는가? 현재 프랑스에서 공권력이 징수하는 국민소득의 49퍼센트 중 약 23퍼센트포인트는 이전소득의 형태로 저장되며, 26퍼센트포인트는 이전지출 외 공공지출 충당에 사용된다. 실제적으로 이전소득은 4분의 3 이상(19퍼센트포인트)이 대체소득(퇴직연금, 실업급여)을 위한 것이며, 나머지 4분의 1(4퍼센트포인트)은 우리가 순수이전소득(가족수당, 사회적 미니멈, 주거급여)이라 부를 수 있는 것으로 사용된다. 이전지출 외 공공지출은 4분의 3 이상(21퍼센트포인트)이 교육과 보건 지출이며, 나머지 4분의 1(5퍼센트포인트)이 공공기관이 제공하는 기타 상품 및 서비스(도로, 경찰, 법조, 국방 등) 지출이다. 이러한 공공지출은 현물 이전지출로 간주될 수 있다. 예컨대, 교육 및 보건 공공서비스가 없다면 우리는 우리 자신과 자녀를 위해 민간 교육 및 보건서비스를 구매해야 할 것이다.

요약해보면, 우리는 1인당 세전 월평균소득 2800유로로부터 출발해 매월 세금으로 1300유로(49퍼센트)를 납입하게 되는데, 이 중 매월 600유로(23퍼센트)는 이전지출 형태로 우리에게 돌아오며, 나머지 700유로(26퍼센트)는 공공서비스의 재원을 충당한다. 그러므로 가계가 현금의 형태로 보유한 국민소득 비율을 지칭하는 용어인 '가계 가처분소득'은 1인당 월 2100유로(74퍼센트)에 달한다. 그러나 공공서비스로 대표되는 현물 이전지출 700유로를 더하면 당연히 2800유로(최초 국민소득의 100퍼센트)라는 결론에 도달하게 된다. 아무것도 잃지 않는 셈이다.

납세자들은 공공서비스를 저렴한 가격으로 이용하고 있는 것일까? 이에 대해서는 의견이 분분하다. 국민계정 체계에서 공공서비스의 가치는 그것의 생산비용(즉, 교육공무원, 간호사 등 해당 공공서비스 생산자 임금의 상당 부분)으로, 이전지출의 가치는 이전지출의 금액으로 측정된다. 그러므로 구조적으로 볼 때 납세자들은 더도 덜도 아니고 자신이 낸 만큼의 서비스를 받고 있다고 할 수 있다. 이는 올바른 출발점이지만, 이것이 문제를 해결해주지는 않는다. 여기서는 민간 교육 및 보건서비스가 종종 해당 공공서비스보다 훨씬 비싸며, 그렇다고 훨씬 양질인 것도 아니고 오히려 그 반대인 경우가 많다는 점만 기억해두자. 미국의 민간 보건서비스가 그 대표적인 예다. 고등교육의 경우는 훨씬 더 복잡한데, 미국 학부모와 학생이 지불하는 높은 비용은 이들이 받는 교육 서비스의 질이 프랑스 학부모와 학생이 세금을 대가로 얻는 교육 서비스의 질보다 평균적으로 약간 더 높다는 데서 일부 상쇄되는 것처럼 보인다.(이는 최소한의 장점인데, 왜냐하면 전자가 후자에 비해 세 배 이상의 비용을 내기 때문이다.) 그러나 기회 균등의 차원에서 볼 때, 이는 심각한 문제라고 할 수 있다.

여기서 공공지출의 효율성을 평가하거나 어느 것이 이상적인 교육 및 보건 시스템인지를 결정하자는 것이 아니다. 이 책에서 우리가 목표하는 바는 좀 더 소박하다. 우리는 프랑스에서 현재 시행되는 이전지출과 공공지출의 구조 및 그것의 재원 충당에 필요한 필수과세의 전반적인 수준을 정해진 여건으로 본다. 그리고 사회보장제도와 공공서비스의 높은 수준이 프랑스 사회(그리고 유럽 사회 대부분)의 지속적인 선택에 부합하며, 예측 가능한 미래의 어떤 정부도 이러한 선택을 상당한 정도로 수정하지는 않을 것이라는 원칙에서 출발한다. 과도하다고 추정되는 지출과 과세 부담에 대해 각자의 입장이 어떻든 간에, 프랑스인은 프랑스의 사회적 모델에 단단히 매여 있으며, 고통 없이 공공지출을 줄이는 기적의 묘책은 누구에게도 없다는 것이 진실이다.

퇴직과 보건 예산에 부담을 주는 고령화, 그리고 고등교육에 더욱더 투자해야 할 필요성(우리가 보기에 앞으로 몇 년간 예산정책에서 진정한 우선 과제가 되어야 하는 유일한 항목)을 감안하면, 국민소득의 백분율로 나타낸

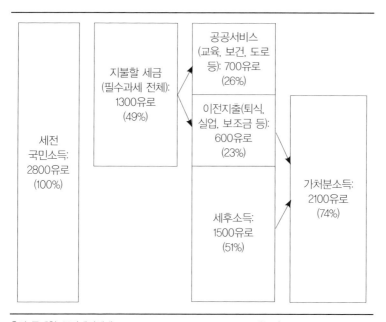

1-4 국민소득에서 가처분소득까지(2010년 1인당 월평균)

세전
국민소득:
2800유로
(100%)

지불할 세금
(필수과세 전체):
1300유로
(49%)

공공서비스
(교육, 보건, 도로
등): 700유로
(26%)

이전지출(퇴식,
실업, 보조금 등):
600유로
(23%)

세후소득:
1500유로
(51%)

가처분소득:
2100유로
(74%)

출처: 통계청, 국민계정체계. www.revolution-fiscale.fr Le livre 메뉴의 Annexes aux chapitre 1, 2, 3 파일 참조.

공공지출을 안정시키는 것은 이미 무모한 계획이며, 공공기금의 철저한 긴축을 요구한다. 2007년 대선 당시 어느 우파 후보자는 그날그날의 기분에 따라 필수세율을 자신의 5년 임기 동안 5퍼센트포인트에서 심지어는 10퍼센트포인트까지 줄이겠다고 공표했다. 그러나 금융위기가 오면서 이러한 관점은 정치 의제에서 완전히 사라진 것처럼 보이며, 이제 사람들은 세금이 언제 어떻게 오를지 궁금해하고 있다.

이 문제에 대한 우리의 관점은 다르다. 우리의 우선 과제는 프랑스 필수과세의 일반적인 부담을 줄이거나 늘리자는 것이 아니라 이를 재조명해보자는 것이다. 공공서비스와 사회보장정책의 질이 어떻든 간에, 소득의 45~49퍼센트에 달하는 전반적인 과세율은 객관적으로도 굉장히 높은 비율로 여겨지며, 우리가 보기에 이는 두 가지 조건하에서만 지켜질 수 있다. 먼저 공공서비스와 사회보장정책의 질을 향상시키고, 이를 개인과 집단의 필요에 맞게 적응시키려는 지속적인 노력을 해야 한다. 다음으로, 특히 이 두 번째 조건이 중요한데, 시민들이 조세제도를 이해하고 이를 공정하고도 투명한 제도로 인식할 수 있게 최선을 다해야 한다. 현재의 상황은 분명 그렇지 못하기 때문이다. 세금의 수준이 어떻든 간에 이러한 조세 투명성에 대한 민주적 요구는 필수불가결하다. 그리고 과세의 수준이 이 정도에 다다른 상황에서는 사활이 걸린 요구라고 볼 수 있다. 만약 시민이 세금을 받아들이지 못한다면 대규모의 조세 저항이 일어날 것이며, 우리 모두가 매여 있는 사회적 국가 체제에 대한 심각한 재검토를 준비해야 할 것이다.

조세에 관한 개론: 프랑스 세금의 종류

개념을 명확히 하려면 필수과세(국민소득의 49퍼센트)를 소득세(9퍼센트), 자본세(4퍼센트), 소비세(13퍼센트), 그리고 사회보장기여금(23퍼센트)이라는 네 가지 커다란 범주로 분류하는 게 유용할 것이다. 이 네 가지를 차례로 살펴보자.

소득세는 노동소득과 자본소득에 동시에 부과되며, 누진세율(개인 혹은 가계의 소득 수준이 올라감에 따라 증가하는 과세율) 혹은 비례세율(소득이 낮건 높건 동일하게 적용되는 세율)을 따를 수 있다. 실제 과세되는 소득은 국민계정에 의해 추산된 경제소득보다 언제나 더 적은 수준이다. 일부는 탈세 때문이지만, 다양한 종류의 소득, 특히 자본소득이 합법적으로 면세되는 경우가 많기 때문이다. 그래서 이러한 범주가 '과세표준'에 포함되지 않는다고 말하는 것이다.

2010년 프랑스의 경우, 유려한 세무 용어로 현재 자연인 대상 소득세 IRPP: impôt sur le revenu des personnes physiques라고 명명된 진정한 의미의 소득세와, 시간이 지남에 따라 사실상 두 번째 소득세나 마찬가지가 된 사회보장분담금을 소득세 범주에 포함했다. 사회보장분담금은 공식적인 소득세보다 더 많은 세원(900억 유로 대 500억 유로)을 징수하게 해준다. 바로 여기서 프랑스 조세제도의 커다란 특징, 즉 한 가지 소득세가 아니라 두 가지 소득세를 내고 있다는 사실이 드러난다. IRPP는 수십 년간의 논의 이후 1914년 7월 제1차 세계대전 직전에 만들어진 일반소득세 IGR: impôt général sur le revenu의 뒤를 이은 것이며, 가계 소득 수준에 따라 5.5퍼센트에서 41퍼센트 사이를 오가는 비율로 누진세율이 적용되는 세금이다. 사회보장분담금은 1990년 미셸 로카르 행정부에 의해 만들어졌으며, 그전에는 임금에만 과세되던 사회보장기여금을 대체하는 역할을 했다. 오늘날 이 사회보장분담금은 사회보장제도 일부의 재원을 충당하며, 노동소득 및 자본소득 모두 8퍼센트의 세율[13]로 과세하는 개인적 세금이자 비례세다. 사회보장분담금의 과세표준은 자본소득 대부분을 면세하는 IRPP의 과세표준보다 훨씬 더 폭이 넓다. 그리고 IRPP와 달리 사회보장분담금은 매달 고용주에 의해 임금명세서에서 공제되거나 퇴직기금에 연금을 납입함으로써, 혹은 금융기관에 이자와 배당금 등을 납입함으로써 공제된다. 이를 '원천징수'라고 하는데, 납세자가 직접 수

1-5 프랑스의 필수과세(2010년)

	10억 유로	1인당 월평균 유로	국민소득의 백분율
국민소득	1680	2800유로	100%
필수과세(전체)	817	1350유로	49%
소득세	146	240유로	9%
이 중 소득세IRPP	52	80유로	3%
이 중 사회보장분담금	94	160유로	6%
자본세	62	100유로	4%
이 중 법인세	35	60유로	2%
이 중 토지세, 부유세, 상속세	27	40유로	2%
소비세 (부가가치세 및 기타 간접세)	224	370유로	13%
사회보장기여금	386	630유로	23%
이 중 질병·가족·교육 기여금 등	164	270유로	10%
이 중 퇴직·실업 기여금, 상속세	221	370유로	13%

출처: www.revolution-fiscale.fr Le livre 메뉴의 Annexes aux chapitre 1, 2, 3 파일 참조.

표나 이체를 통해 납입하는 것보다 훨씬 간편한 징수 방법이다.

소득세의 역할을 하는 이 기이한 한 쌍의 세금에 대해서는 나중에 다시 살펴볼 것이며, 우리는 이를 완전히 개정해야 한다고 생각한다.[14] 이 단계에서 이 두 가지 소득세를 합하면 약 1400억 유로, 즉 국민소득의 9퍼센트에 조금 못 미치는 재원이 생긴다. 다시 말해, 우리는 IRPP와 사회보장분담금 명목으로 월평균 240유로, 즉 1인당 세전 월평균소득 2800유로의 9퍼센트를 내고 있는 셈이다. 프랑스와 비슷한 수준의 세금을 걷는 유럽 국가에서 소득세는 하나뿐이며, 일반적으로 국민소득의 10~12퍼센트에 못 미치는 수준에서 징수한다.

이제 자본세에 대해 살펴보자. 우리는 이 범주에 자본만 과세하는 세금을 모았다. 즉, 법인세, 토지세, 부유세 그리고 상속세[15]가 그것이다. 이 네 종류의 세금은 600억 유로 이상의 재원을 가져다주며, 이는 1인당 평균 100유로, 국민소득의 약 4퍼센트에 해당한다. 자본소득의 연간 흐름은 국민소득의 25퍼센트로, 이 세금들은 약 20퍼센트가 안 되는 수준의 평균 과세율을 보인다.

이 세금들은 각각 고유한 특성을, 그리고 우리가 보기에는 저마다의 적법성과 유용성 역시 지니고 있다. 법인세(350억 유로)는 기업의 이윤에 과세되는 세금으로, 주주 배당금 분배 이전에 적용되는 실효세율이 현재 약 20퍼센트에 달한다. 토지세(150억 유로)는 세를 주든 본인이 직접 거주하든 상관없이 모든 부동산 소유주에게 부동산 비율에 따라 부과되며, 평균적으로 토지소득(실질임대료 및 귀속임대료)의 약 15퍼센트에 해당한다. 부유세(30억 유로)는 원칙적으로 부채를 제외한 부동산 및 금융자산 등 모든 종류의 자산에 과세되며, 누진세율을 따른다. 가장 높은 수준의 자산에만 관련된 세금이기에, 세수는 상당히 미미한 수준이다. 상속세(70억 유로)는 일생에 단 한 번만(혹은 증여의 경우 몇 차례) 징수된다는 특징이 있는데, 토지세와 함께 프랑스혁명 당시에 제정되어 프랑스 세금 중 가장 오래된 것들이라고 할 수 있다. 법인세는 소득세를 제정한 개혁인 1914~1917년의 조세 개혁에 의해 만들어졌다. 부유세는 프랑스에서 가장 최근에 제정된 세금이다. 1981년 좌파에 의해 고액재산세라는 이름으로 만들어진 이 세금은 1986년 우파에 의해 폐지되었다가 1989년 현재의 이름으로 되살아났다. 현재 우파는 프랑스의 세습재산이 호조의 길을 걷고 있다는, 언뜻 보기에도 의외의 이유로 부유세를 다시 폐지하는 방안을 고려하는 듯 보인다. 우리는 이데올로기적 성격을 강하게 지닌 세금 전반에 관해 추후 다시 살펴볼 것이며, 이에 대해 현 정부는 2011년 개혁안을 공표했다.[16]

소비세는 과세의 세 번째 범주를 구성하고 있다. 우리는 여기에 부가가치세, 특정 상품과 서비스(휘발유, 담배, 주류 등)에 부과되는 세금, 기타 간접세를 포함했다. 이 범주의 세금은 총 2200억 유로 이상으로, 1인당 월평균 370유로, 국민소득의 13퍼센트 이상에 해당하며, 소득세와 자본세 전부를 합친 것보다 약간 더 큰 세수다.

실제로 이러한 소비세는 다른 모든 세금처럼 노동과 자본에 부담을 지운다. 그럴 수밖에 없는 것이, 모든 부는 노동과 자본으로부터 나오기 때문에 세금의 부담을 피할 수 없다. 간단히 말하자면, 소비세는 사람들이 자신의 소득(당연히 노동과 자본으로부터 나온)을 이용해 구매하는 순간 지불된다. 그러나 이러한 세금은 노동과 자본으로부터 나오는 구매력을 상당 부분 감소시킨다. 소득과 재산에 부과되는 직접세와의 유일한 차이점은, 소비세는 본래 역진세라는 것이다. 실제로 빈곤층은 저축할 돈이 없으며, 소득의 거의 전부를 소비한다. 그러므로 이들은 보통 저축률이 높은 부유층보다 더 높은 비율의 소득을 소비세 형태로 지불하는 셈이다.[17] 세금의 역사만큼이나 오래된 이 현실과 마주하여, 직접세의 첫 번째 목표는 늘 일정한 누진세율을 재확립하고 전반적인 과세에서 더 공정한 분배를 이끌어내는 것이었다.

이제 프랑스에서 전체 필수과세의 거의 절반에 해당하는 사회보장기여금이라는 네 번째 범주로 가보자. 사회보장기여금은 총 3800억 유로 이상으로, 1인당 월평균 630유로, 국민소득의 약 23퍼센트에 해당하며, 다른 모든 세금을 합산한 것과 비슷한 수준이다. 여기서 바로 프랑스 조세제도의 특징이 드러난다. 다른 유럽 국가에 비해, 그리고 지난 20년간 사회보장분담금에 이전된 기여금 일부에도 불구하고, 사회보장기여금의 부담은 프랑스에서 유난히 높은 편이다.[18]

이는 프랑스에서 사회보장기여금이 대체소득(퇴직연금, 실업급여)만이 아니라, 모두가 혜택을 받는 사회보장지출(의료보험, 가족수당)의 자금까지 조달하는 역할을 한다는 사실로 일부 설명된다. 우리는 또한 엄밀히 말하자면 사회보장기여금이라고 할 수 없지만 그와 비슷한, 임금에 부과되는 몇몇 세금(직업교육, 건설, 교통 등을 위한 납부금)을 사회보장기여금과 함께 묶었다.

국민소득의 총 23퍼센트가 사회보장기여금에 해당하며, 이 중 13퍼센트포인트가 퇴직·실업 기여금(2200억 유로), 10퍼센트포인트가 질병·가족·교육 기여금(1600억 유로, 즉 사회보장분담금과 IRPP를 합친 것보다 더 많은 수준)에 해당한다.[19]

프랑스 조세제도는 누진적인가, 역진적인가?

핵심적인 질문을 던져보자. 필수과세 전체를 고려할 때 프랑스 조세제도는 누진적인가, 역진적인가? www.revolution-fiscale.fr 사이트는 이 질문에 엄밀한 대답을 내놓을 수 있게 한 최초의 도구로, 그 대답은 결정적이다. 프랑스 조세제도는 중산층 수준까지는 약간 누진적이지만, 이후 5퍼센트의 부유층, 그중 특히 1퍼센트의 부유층(5000만 명 중 50만 명)에 대해서는 이론의 여지 없이 역진적이다.

더 구체적으로 들어가, 프랑스인을 세전 개인총소득에 따라 분류한다면 다음과 같은 결과를 얻게 된다.[20] 월명목소득이 1000~2200유로에 이르는 50퍼센트의 저소득층은 41~48퍼센트 사이를 오가며 평균 45퍼센트에 달하는 실효세율의 적용을 받는다. 세전 월평균소득이 2300~5100유로에 이르는 40퍼센트의 중소득층은 약 48~50퍼센트에 달하는 실효세율의 적용을 받는다. 사실상 전 인구의 80퍼센트를 차지하는 1700~6900유로의 소득에 대해서는 실효세율이 거의 일정하며, 이는 굉장히 큰 규모의 중산층에 해당한다. 그리고 5퍼센트의 고소득층(6900유로 이상), 그중 특히 1퍼센트의 고소득층(1만4000유로 이상)에서 실효세율은 확실히 낮아지는 경향을 보이며, 0.1퍼센트의 최고소득층(5000만 명 중 5만 명)에서는 실효세율이 35퍼센트를 채 넘지 않는다.

우리가 알기로, 프랑스 조세제도 전체의 역진성이 이처럼 명확하게 확립된 것은 처음 있는 일이다. 여러 의회 보고서 및 행정 보고서에 따르면, 최근 몇 년간 프랑스인 중 1퍼센트의 고소득자에게 실효세율은 20퍼센트를 넘지 않았으며, 이는 오히려 떨어지는 경향을 보였다.[21]

그러나 어떤 연구도 필수과세 전체를 염두에 두지는 않았다. 사실 우리가 얻은 결과의 주된 장점은 각종 세금이 하는 역할을 분리해 연구할 수 있으며, 그리하여 우리의 조세제도에 관한 최초의 현황 보고를 작성하고 우선적으로 고려해야 할 개혁안을 세울 수 있다는 데 있다.

무엇보다도 소비세 그리고 사회보장기여금이 매우 역진적이라는 사실을 발견하게 된다. 소비세는 빈곤층에 15퍼센트, 부유층에 겨우 5퍼센트가 조금 넘는 과세율로 부과된다. 또한 사회보장기여금은 빈곤층에 25퍼센트, 부유층에 5퍼센트 미만의 과세율로 부과된다. 따라서 소득세와 자본세가 원칙적으로 이 두 세금의 역진성을 상쇄해주는 역할을 해야 한다.

자본세에 관해서라면 이는 사실이다. 우리가 얻은 결과는 이러한 세금들, 특히 법인세와 부유세, 상속세가 일정한 누진성을 확립하는 데 중요한 역할을 한다는 사실을(보통 잘 알려져 있지 않지만) 증명한다. 현 정부가 부유세 폐지를 고려하는 것처럼, 이러한 세금들이 사라진다면 프랑스 조세제도는 더욱더 역진적이 될 것이다. 우리가 그래프에서 부유세 감면처럼 다뤘던 것이 사실상 바로 세금상한제의 영향이며, 접근 가능한 모든 데이터와 일관되는 우리의 모의실험에 따르면, 이는 부유층의 실효세율을 1퍼센트포인트 감소시킨다.(34퍼센트에서 33퍼센트로.)

혹자는 50퍼센트의 총 과세율이 상한선으로 여겨지는 세금상한제가

1-6 약간 누진적인 조세제도일까, 혹은 이론의 여지 없이 역진적인 조세제도일까?

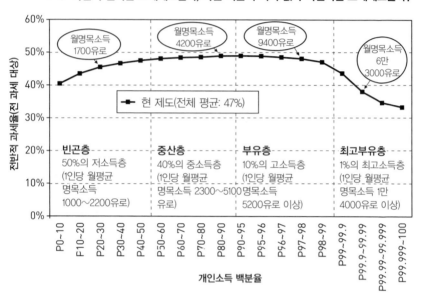

해석: 이 그래프는 풀타임의 80퍼센트 이상을 근무하는 18~65세의 인구를 대상으로 하여 전 과세를 포함하는 전반적 과세율을 소득집단별로 구분해 보여준다. P0~10은 0에서 10까지의 퍼센트, 즉 10퍼센트의 최저소득자를 가리키며, P10~20은 다음의 10퍼센트를, P99.999~100은 0.001퍼센트의 최고소득자를 가리킨다. 과세율은 95퍼센트까지의 소득에 대해서는 조금씩 올라가다가 5퍼센트의 최고소득자에 대해서는 감소하는 경향을 보인다.

주: 여기서 일차소득의 평균세율은 47퍼센트인데(45퍼센트가 아니라), 이 그래프는 전 성인 인구가 아니라 풀타임의 80퍼센트 이상을 근무하는 18~65세의 인구를 대상으로 하기 때문이다.

출처: www.revolution-fiscale.fr Le livre 메뉴의 Annexes aux chapitre 1, 2, 3 파일 참조.(전 성인 인구에 대한 수치도 기재해놓았다.)

이미 50퍼센트의 세율에도 미치지 못하는 납세자들의 세금을 줄여줄 수 있다는 사실에 놀랄지도 모르겠다. 이를 설명하자면, 세금상한제는 과세소득을 대상으로 하는데, 이 과세소득은 실질소득에 훨씬 못 미치며, 특히 세습재산이 많은 경우에는 더욱 차이가 나기 때문이다. 우리는 제3장

1-7 약간 누진적인 제도: 세금에 따른 구성

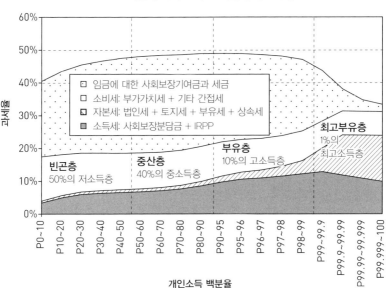

개인소득 백분율

해석: 이 그래프는 풀타임의 80퍼센트 이상을 근무하는 18~65세의 인구를 대상으로 하여 전 과세를 포함하는 전반적 과세율 및 그 구성을 소득집단별로 구분해 보여준다. P0~10은 0에서 10까지의 퍼센트, 즉 10퍼센트의 최저소득자를 가리키며, P10~20은 다음의 10퍼센트를, P99.999~100은 0.001퍼센트의 최고소득자를 가리킨다. 그래프는 세금을 네 가지 커다란 범주로 분류한다. 사회보장기여금(및 기타 임금에 대한 세금), 소비세(부가가치세와 기타 간접세), 자본세(법인세, 토지세, 부유세, 상속세), 소득세(사회보장분담금과 IRPP)가 그것이다.

출처: www.revolution-fiscale.fr Le livre 메뉴의 Annexes aux chapitre 1, 2, 3 파일 참조.(전 성인 인구에 대한 수치도 기재해놓았다.)

에서 이러한 악성 제도(세습재산으로 인한 소득뿐 아니라 세습재산 자체에 직접세를 부과해야 할 필요성을 잘 이해하게 해준다는 장점이 있긴 하다)를 다시 살펴볼 것이며, 더 일반적으로는 현 제도에 대체로 매우 누진적인 영향을 미치는 프랑스 자본세의 변천 전망을 살펴볼 것이다.

자본세와 달리, 소득세는 누진적 방향으로 가는 대신 오히려 고소득층을 대상으로 프랑스 조세제도의 역진성을 늘리고 있다. 우리 소득세 제도의 이러한 진정한 실패(일차적인 목표, 즉 소득 비율에 따라 빈곤층이 부유층보다 세금을 덜 내야 한다는 것조차 충족시키지 못하는)는 오래전부터 축적된 다양한 예외조항과 조세 감면의 결과물이라고 할 수 있다. 특히 자본소득은 소득세의 누진세율표에서 거의 완전히 벗어나기에 이르렀다. 과세의 전반적 분배에 미치는 부정적인 영향을 넘어서, 프랑스 직접 소득세 제도의 복잡함과 불공정성은 그 자체로 다양한 문제를 야기하므로, 제도 전체를 개정해야만 한다. 우리는 이러한 복잡함과 불공정성을 없애는 것이야말로 오늘날 프랑스에서 시행되어야 하는 세금혁명이 우선 과제라고 생각한다. 이를 제2장에서 살펴보겠다.

소득세 제도의 실패 외에 프랑스 조세제도의 역진성을 설명해주는 핵심적인 두 번째 요인은 노동소득에 부과되는 사회보장기여금의 과중한 부담이다. 퇴직 혹은 실업 기여금과 관련해서는 주로(심지어는 오직) 노동소득 관련 과세만이 정당화될 수 있기 때문이다. 결국, 자본소득은 일반 법상 퇴직연금이나 실업수당을 충당해주지 않는 셈이다. 게다가 현재 저임금노동자가 납부하는 퇴직·실업 기여금은 일부 임원 간부들의 퇴직금을 보조하는 데 사용되고 있다. 이는 한편으로는 평균수명의 격차를 수정하기 위한 어떤 조치도 취해지지 않기 때문이며, 다른 한편으로는 일을 일찍 시작한 사람이 다른 사람들에 비해 더 오랫동안 기여금을 내도록 되어 있기 때문이다.(이는 최근의 퇴직연금 개혁 그리고 62세의 정년 연장이 악화시킨 불공정성이라고 할 수 있다.)

다른 종류의 사회보장기여금에는 이러한 유의 정당화가 적용될 수 없다. 모두 혜택을 입는 의료보험이나 가족정책의 재정 충당에 오로지 노동소득만이 기여해야 할 이유는 전혀 없기 때문이다. 문제는 이러한 사회보장기여금의 과세표준이 자본소득에까지 확장된다면, 저임금노동자 대상의 현행 사회보장기여금 면제(이러한 면제는 저소득층에서 발견되는 누진성을 설명해준다)라는 민감한 문제를 해결할 수 있느냐로 귀착된다. 우리는 제3장에서 다양한 사회보장기여금의 현주소, 그리고 이러한 기여금의 고려 가능한 개정 방식에 관해 살펴볼 예정이다. 우리는 이 영역이 프랑스의 세금 개혁에서 직접세를 개정한 후 그와 일관성을 갖고 시행되어야 할 두 번째 우선 과제라고 생각한다.

부유층이 세금을 더 적게 내는 것은 심각한 문제인가?

우리의 조세제도가 왜, 어떻게 개정되어야 하는지 설명하기에 앞서 다음과 같은 질문이 제기된다. 프랑스인 중 가장 부유한 1~2퍼센트가 다른 이들보다 세금을 덜 내는 것이 그렇게 심각한 문제인가? 예를 들어, 매월 1700유로를 받는 사람이 45퍼센트의 실효세율로 세금을 내는 반면, 매월 6만3000유로를 받는 사람이 35퍼센트의 실효세율로 세금을 내는 것이 큰 문제인가? 이 질문에는 여러 방식으로 답할 수 있다.

먼저 우리는 이 수치들을 전혀 과장하지 않았으며, 오히려 그 반대라는 사실을 밝혀두겠다. www.revolution-fiscale.fr 사이트에 접속하는 사람이라면 누구나 알 수 있겠지만, 우리가 실행한 모든 가설은 오히려 고소득층에 대한 역진성을 최소화하는 경향을 보인다.[22] 실제로는 부유층의 세무 최적화 전략(세무적 전략을 통해 세금을 최소화하는 것—옮긴이) 덕분에 이들의 실효세율은 30~35퍼센트 이하로 현저하게 떨어졌을 수도 있다. 릴리안 베탕쿠르Liliane Bettencourt의 예와 마찬가지로, 언론을 통해 알려진 몇몇 개인적인 사례에서 연상되는 것처럼 말이다. 그러나 우리가 얻은 결과는 소득 위계질서의 최정상에 존재하는 세무적 역진성이 몇몇 개인적인 일화를 완전히 넘어서는 현상이라는 사실을 보여준다. 이러한 역진성은 프랑스에서 5퍼센트의 부유층(250만 명), 특히 1퍼센트의 최고부유층(50만 명)에 해당된다.

우리는 이것이 무엇보다도 원칙의 문제에서 매우 심각한 현상이라고 생각한다. 이러한 현실은 한 나라의 사회적 단결성을 잠재적으로 위협하며, 그 원인이 무엇이건 간에, 함께 해야 하는 노력과 공동의 계획을 받아들이기 매우 어렵게 만든다. 이 역진성의 대상이 전체 인구의 극소수에 불과하다며 이를 정당화하는 것은 주제에서 벗어나는 일이다. 이미 1789년에 몇몇 사람은 귀족계층이 전 인구의 1퍼센트에 불과한데, 이러한 타고난 엘리트들을 향한 대중의 질투를 자극해서는 안 된다고 주장했다. 그러나 세무적 평등과 공정성을 향한 요구는 필수불가결하며 불가피한 것이었다. 이는 오늘날에도 여전하며, 당연한 일이다.

그리고 이제 함께 살펴보겠지만, 이러한 역진성은 조세제도의 실패를 의미하기 때문에 매우 심각한 문제라고 할 수 있다. 하지만 이것은 바로 지금 여기에서 바로잡을 수 있다.

21세기의 프랑스 소득세

프랑스의 직접세 제도를 완전히 개정해야 한다. 현재의 직접세 제도는 무엇보다도 누진성에서 더 이상 제 역할을 하지 못하기 때문이다. 오히려 앞서 증명했던 것처럼 이 제도는 프랑스 조세제도를 더욱 역진적으로, 그리하여 불공정하게 만드는 역할을 하고 있다. 두 번째 이유는(이 두 번째 항목은 첫 번째 항목과 긴밀하게 연결되어 있다) 현 직접세 제도가 너무나 복잡하고 이해하기 어려워 프랑스 조세제도 전체를 무너뜨리고 있으며, 부차적인 소규모 개혁으로는 더 이상 구제될 수 없기 때문이다.

우리는 현재의 공식적인 소득세IRPP가 전적으로 사라져야 하며, 새로운 소득세는 현 사회보장분담금의 확장 형태로 만들어져야 한다고 진단한다. 우리가 제안하는 새로운 소득세IR: impôt sur le revenu는 개인소득에 근거하여 사회보장분담금과 완전히 동일한 과세표준, 그리고 자동 원천징수라는 동일한 시스템을 유지하게 될 것이다. 단순히 말하면, 더 이상 비례세율표가 아닌 누진세율표에 근거한 사회보장분담금인 셈이다.

현재 소득세는 어떻게 운용되고 있는가?

———

프랑스의 소득세는 독특하게도 하나가 아니라 두 개라는 점을 앞서 지적했다. 하나는 자연인 대상 소득세IRPP이며 다른 하나는 사회보장분담금인데, 후자는 공식적 소득세인 전자에 비해 현재 거의 두 배의 세수(900억 유로 대 500억 유로)를 확보해준다. 사실은 세금이 네다섯 개 정도 있는 셈인데, 실질적으로는 IRPP가 규정과 세율이 각기 다른 여러 세금을 포함하고 있기 때문이다. 즉, '세율표'라 불리는 과세제도(원칙적으로는 일반법 규정이며 그 자체로도 극도로 복잡한), 이자와 배당금이 세율표에서 빠져나갈 수 있게 해주는 원천과세, 역시 세율표에서 빠져나가는 시세차익의 과세제도, 그리고 저임금노동자들에게 세율표 효과(특히 사회보장분담금의)를 줄여주는 노동소득세액공제 등이 그것이다.

IRPP는 프랑스의 세제에서 잘못된 방향으로 가는 모든 것의 집약체라고 할 수 있다. 복잡한 규칙과 예외조항의 기괴한 축적, '동일 소득에 동일 세금'이라는 원칙으로 점철된 여러 번의 급격한 변화, 굉장히 미약한 실효누진세. 이 모든 것 때문에 IRPP의 수익률은 GDP의 3퍼센트에 미치지 못하는 반면, 프랑스와 비슷한 수준의 모든 국가에서 소득세 수익률은 적어도 그 세 배 이상이다.

먼저 일반법 규정부터 시작해보자. 전체 소득에 누진세를 적용해야 한다는 것이 일반적인 원칙이다. 여기에 다양한 범주의 소득(임금, 비임금 활동소득, 대체소득, 자본소득)을 더한 후 전체 소득을 5.5퍼센트에서 41퍼센트에 달하는 과세율의 '세율표'에 적용한다. 세율표에서 가장 높은 세율은 2005년까지는 48퍼센트였으며, 이후 2006년에서 2009년 사이에는 40퍼센트였다. 2010년의 소득세에서는 41퍼센트로 고정되었다.[1]

이 '고세율'이 소득세 제정 이후 파란만장한 역사적 변화를 겪었다는 사실을 잠시 언급하겠다. 1914년 7월 15일 자 법은 애초에 이를 2퍼센트로 고정했다. 1924년 소득세 과세 이후, 고세율은 72퍼센트까지 치솟았다. 역사의 아이러니는 부유층에 대한 이와 같은 상당한 세금 인상이 1920년대에 국민연합Bloc National(프랑스 공화국 역사상 가장 우파였던 그 유명한 '청회색bleu horizon' 의회)에 의해 시행되었다는 것이다. 이는 상황적 부담(이 경우에는 제1차 세계대전으로 인한 부채, 볼셰비키혁명 등)이 때때로 정치 주체들이 그들의 통상적인 이데올로기적 입장과 그들이 수행할 것이라 생각되는 역할에 맞지 않는 역할을 하도록 강요한다는 증거라고 할 수 있다. 제2차 세계대전 이후 고세율은 50~60퍼센트 사이에 머물러 상대적으로 안정적이었으며, 1990~2000년대에는 지속적으로 내려가기 시작했다. 현재 41퍼센트의 고세율은 1935년 이후 가장 낮게 책정된 세율이다.[2]

이러한 사실은 주목할 가치가 있지만, 그 영향력을 너무 과장해서는 안 된다. 시간에 쫓기는 연구자들이 흔히 그러듯이, 소득세의 고세율 수준만을 주시하여 어떤 조세제도의 누진성을 판단해서는 안 된다. 누진성을 판단하기 위해서는 필수과세 전체를 염두에 두어야 하는데, 예컨대 오늘날 프랑스의 경우 사회보장분담금뿐 아니라 소득에 다양하게 영향을 미칠 수 있는 다른 모든 세금을 고려해야 한다. 그리고 세율표의 공식 세율에서 실질세율로 넘어갈 때의 복잡한 규칙들 역시 염두에 두어야 한다.

이 경우, 프랑스에서 현재 적용되는 세율표의 세율이 실효세율이 아니라 한계세율이라는 데서 첫 번째 복잡함이 발생한다. 분명히 말하건대, 그 누구도 IRPP의 세율표와 그 한계세율 세금 구간을 완전히 이해하지 못한다. '상위의 세금 구간으로 올라간다'는 생각에, 그래서 세후소득이 명백히 줄어들 것이라는 생각에 겁에 질린 납세자들 이야기를 너무 자주 듣지 않았는가? 그러나 실제로 그런 일은 일어날 수 없는데, 왜냐하면 정의상 한계세율은 각각의 구간에 포함되는 소득 부분에만(즉, 초과분에 대하여) 적용되기 때문이다.[3]

뭐 아무렴 어떻겠는가? 이미 상황은 최악이니 말이다. 시민들은 매년 뉴스에서 새로운 세율표를 접하지만, 이내 채널을 돌려버린다. 그 세율표를 보고 그것이 무엇을 의미하는지, 누가 무엇을 소득세 명목으로 내는지 쉽고 명확하게 이해하기란 불가능하기 때문이다. 이는 핵심적인 민주적 문제에 관한 것이기에 매우 안타까운 일이다. 우리는 앞으로 전체 소득에 직접 적용 가능한 실효세율로 구성된 세율표를 나타내는 것이 가능하다는(그리고 훨씬 더 타당하다는) 점을 살펴볼 것이다.

덜 과세하기 위해 더 공제한다?

현재의 세율표는 다양한 공제를 통해 삭감된 소득에 적용되어 혼란을 더욱 가중한다. 이러한 공제의 종류는 임금과 퇴직연금에 적용되는 10퍼

제2장
21세기의
프랑스 소득세

센트에서 배당금에 적용되는 40퍼센트까지(전자에는 상한선이 있지만 후자에는 없다) 다양하다. 이처럼 때때로 상한선과 이중 상한선을 적용해 소득을 고정된 비율로 줄이고 이를 세율표에 적용하는 방식은 정말로 기이한 관습인데(이는 여러 세율표를 축적시키는 결과로 이어지며, 전체적인 투명성에 도움이 되지 않는다), 이에 대해 프랑스는 일종의 전문적인 능력을 발달시켰다.[4]

예를 들어, 우리는 '업무비' 덕분에 임금의 10퍼센트 공제가 정당화된다는 생각에 익숙해져 있다. 그러나 이러한 조치는 다른 어떤 나라에도 존재하지 않는다. 전 세계 어느 곳에서나 정식으로 정당화되는 실질비용만이 임금에서 공제 가능하며, 실질적으로 시행되는 공제는 총 임금의 2~3퍼센트를 절대 넘을 수 없다. 게다가 프랑스에는 2005년까지 임금과 퇴직연금에 대한 20퍼센트의 추가 공제가 존재했는데, 이 역시 전 세계에서 유일한 사례다. 비임금노동자에게서 추정되는 탈세에 대해 임금노동자를 보상해주고자 1959년에 만들어진 이 추가 공제는 1970년대에 비임금노동자에게까지 확대되어, 결국 소득의 거의 전부가 인위적으로 20퍼센트 공제된 뒤 세율표의 적용을 받게 되었다. 이런 혜택을 받지 못하는 유일한 소득(즉, 자본소득)은 훨씬 더 유리한 면세 혜택과 예외조항의 덕을 입을 권리가 늘 있었다는 사실을 차치하고서라도 말이다.

이러한 모든 정책이 이러저러한 종류의 소득에 부문별로 적용되는 것은 상당한 문제라고 할 수 있다. 애초의 명분이 무엇이었든 간에 이것이 마구 쌓여 결국엔 모두가 제각기 불공정하다고 생각하는, 완전히 이해 불가능한 시스템을 만들기 때문이다. 모든 소득을 공제한 후 세율표의 이론적 세율을 끌어올려 손실을 만회하는 것도 잊지 않고 말이다. 그러다 보니 실질세율보다 훨씬 높은 법정세율이 나타나는 상황에 직면하는 것이며, 이는 세금에 관한 논의, 특히 국제적 비교 수치를 왜곡하는 역할을 한다. 뿐만 아니라, 세무적 영향을 넘어 프랑스 사회 내의 소득에 관한 공통된 인식을 난해하게 만든다. 예컨대 미디어에서는 코뮌commune 이나 데파르트망département 같은 행정구역에 따른 소득 분배 통계를 답습하는데, 이것이 일반적으로 '과세소득' 혹은 '기준과세소득'(공제 후 소득으로 그 정확한 목록이 해마다 늘 같지는 않은)의 개념에 관한 것이지, 실질소득의 개념에 관한 것이 아니라는 사실은 늘 언급하지 않는다.

가족계수와 배우자계수

———

현재 소득세 계산 방식을 둘러싼 혼란은 세율표의 한계세율이 실제로는 공제 후 과세소득이 아니라 '가족계수 부담 인원수로 나눈 과세소득'에 적용된다는 사실 때문에 더욱 가중된다.

1945년 프랑스에 도입된 이 '가족계수' 제도를 잠시 짚고 넘어가자. 일반적인 원칙은 다음과 같다. IRPP는 '과세 대상 가구'의 수준에 따라 계산된다. 결혼한(혹은 동거 계약을 맺은) 커플은 하나의 가구로 간주되며, 소득신고를 한 번만 한다. 결혼하지 않은(그리고 동거 계약도 맺지 않은) 커플은 두 가구로 간주되며, 소득신고를 두 번 한다. 그리고 이 각각의 가구에 가족계수 부담 인원을 배정한다. 1인(혹은 동거 계약을 맺지 않고 동거

하는) 가구에 대해서는 1의 인원을, 결혼한(혹은 동거 계약을 맺은) 가구에 대해서는 2의 인원을, 두 번째 자녀까지는 자녀 각각에 0.5의 인원을, 세 번째 자녀부터는 자녀 각각에 1의 인원을 배정한다.

추가적인 0.5의 인원 역시 여기저기에 배정된다. 예컨대 1인 가구가 부양하는 첫 번째 자녀의 경우 추가 0.5의 인원을 배정받는데, 한부모가정인 척하는 이들을 잡아내고자 1995년에 쿠르송 개정안이 가결된 후에는 이 1인 가구가 동거하지 않는 경우에만 가능하다. 1945년부터 1953년까지는, 결혼한 지 3년이 넘었는데도 여전히 자녀가 없는 경우 결혼한 가구에서 0.5가 빠져서 1.5의 인원으로 떨어졌다. 이는 입법자의 세무적 상상력에 제한이 없다는 사실을 보여주는 증거다.

가족계수 규칙은 1945년 이후 잦은 정치적 논쟁의 대상이었는데, 각 정당은 각자 중요하게 여기는 가족 형태를 권장하거나 그 반대를 규탄하는 데 이 제도를 이용했다. 1999년 조스팽 행정부는 가족계수의 혜택을 동거 계약을 맺은 커플에게까지 확대했다. 우파는 이에 거세게 반대하다가 결국 나중에는 동조했다. 2010년 가을에는 정부가 결혼(혹은 동거 계약)한 해, 또는 이혼(혹은 동거 계약 파기)한 해의 다양한 신고와 관련된 특별 혜택을 철폐하기로 결정했다. 늘 있던 대립은 그 어느 때보다 심해졌는데, UMP 의원 일부는 그해에 결혼한 커플에게만 유지되고 동거 계약을 맺은 커플에게는 그렇지 않은 혜택을 제안했으며, 이는 전자가 후자보다 더 오래 지속되는 계약을 맺었기 때문이라고 설명했다. 이런 유의 논의가 거의 매년 재생산되고 있는 셈이다.

가족계수 부담 인원수가 결정되면 다음 단계로 나아간다. 소득을 인원수로 나누고, 세율표의 한계세율을 적용한 뒤, 인원수에 따라 얻은 세금을 다시 곱한다. 만약 세금이 완전한 비례세율을 따른다면 이처럼 나누고 곱하는 과정은 상쇄될 것이며, 해당 세액에 어떤 영향도 미치지 못할 것이다. 그러나 누진세율 덕분에 가족계수 부담 인원수로 나누는 과정은 세율표의 더 낮은 세금 구간으로 내려가는 것을 가능하게 하며, 소득과 인원수가 높을수록 더 강력한 절세 혜택을 얻을 수 있게 한다.

이 제도에서는 두 가지 요소를 구분하는 것이 중요하다. 먼저 배우자계수가 있는데, 이는 결혼하거나 동거 계약을 맺은 커플에게 공동으로 (잠재적인 자녀의 존재와는 무관하게) 부과되는 것이다. 우리는 이 같은 배우자계수가 완전히 폐지되어야 한다고 생각한다. 대부분의 유럽 국가에서 이미 시행되고 있는 것처럼, 새로운 소득세는 배우자의 소득이 아니라 오로지 개인소득에 좌우되도록 완전히 개인화되어야 한다.

다음으로는 엄밀한 의미의 가족계수가 있는데, 이는 부양 자녀의 존재가 세금 감면 혜택으로 이어지는 것이다. 자녀가 없는 사람에 비해 자녀를 가진 사람이 더 적은 세금을 내게 해준다는 의미에서 이 조치는 전적으로 정당하며, 세금의 일부가 자녀들의 교육 재원을 충당하는 것 역시 정당한 일이다. 이러한 조치는 모든 나라에 다양한 형태로 존재하며, 이를 없애자는 것은 말도 안 되는 일이다. 다만 가족계수 시스템이 단순하지도 공정하지도 않으며, 부양 자녀에 대한 세금 감면을 또 다른 방식으로 설정할 수 있다는 사실을 추후 살펴볼 것이다. 우리는 부모의 소득을 막론하고 모든 아동에게 동등하며, 부모 중 한쪽이 온전히 부양하거나 부모가 부양하지 않는 경우를 제외하고 두 부모에게 동등하게 분배되는 환급형 세액공제를 우선시하고 있다. 물론 다른 해결책을 생각해낼 수도 있다. 어떤 경우든 간에, 우리는 부양 자녀에 대한 전반적인 세금 감면액을 동일하게 유지할 것이다.

개인화된 세금을 향해:
여성은 부차적 소득원이 아니다

—

우리는 왜 배우자계수 제도가 폐지되어야 한다고 주장하는가? 실제로 이 제도가 어느 나라에도 존재하지 않는다(소득세의 개인화는 유럽의 표준이 되어가고 있다)는 점은 주목할 만한 사실이나,[5] 그것이 가장 결정적인 이유는 아니다. 어쨌든 다른 국가들이 틀릴 수도 있는 일이며, 법제도의 절대적 단일화가 그 자체로 목적이 될 수는 없기 때문이다.

개인화가 원천징수제도 도입에 필수적인 조건이라는 논거 역시 설득력이 없으며, 기술적으로도 틀린 말이다. 개인화가 세무행정, 특히 원천징수를 단순화하는 것은 사실이며, 이를 완전히 무시할 수는 없다. 그러나 원천징수는 그 자체로 필요하며, 세금의 개인화 없이도 완벽하게 실행 가능한 개혁 방식이다.

우리가 보기에 세금을 개인화해야 하는 진정한 이유는 단순하다. 누가 누구와 커플을 이루어 사는지에 대해 세무행정이 그만 신경 써야 하기 때문이다. 커플 형태는 늘 바뀌기 마련이며, 세법은 다양한 형태의 가족생활을 보상해주거나 비난하기 위해 존재하는 것이 아니다. 지금은 그 어느 때보다도 이 문제가 정치적 대립으로부터 탈피해야 할 시점이며, 커플생활에 관한 개인의 선택에 대해 세금이 일종의 중립성을 보여주어야 할 시점이다. 소득세의 개인화는 이러한 결과를 얻을 수 있는 최선의 방법이다. 특히 2010년 가을 다시금 들끓었던 결혼과 동거 계약의 각각의 이점에 관한 논쟁은 그 존재 이유를 즉시 잃어버릴 것이다.

무엇보다도 커플의 공동 과세는 여성을 부차적 소득원처럼 취급하는 행태로 귀결되며, 많은 이가 맞서 싸우고자 하는 남녀 간 직업 불평등을 강화하는 결과로 이어진다. 예컨대, 각자 동일한 소득을 지닌 커플에게는 엄밀히 말해 배우자계수 제도가 그 어떤 세금 감면 혜택도 가져다주지 않는다. 커플의 소득을 2로 나누어도 각 개인은 원래 본인이 위치했던 것과 동일한 과세 구간 및 세율표 수준에 위치한다. 반면, 커플의 소득이 대등하지 않을 때는 소득을 2로 나누었다가 다시 곱하는 행위가 과세율을 줄여준다. 커플의 소득이 대등하지 않을수록 세금 감면 혜택이 더 커지는 셈이다. 즉, 배우자계수는 사실상 소득이 대등하지 않은 커플을 보조하는 장치처럼 운용되는 것이다. 공공정책의 목표치고는 너무나 기이하지 않은가?

무엇보다 문제인 것은, 이 제도가 소득이 대등하지 않은 커플이 그 상태에 머물도록 부추기는 역할을 한다는 점이다. 배우자 중 한 명(주로 남편)의 소득이 상당히 높으면, 커플 전체가 높은 한계세율을 부과받는다. 이는 만약 다른 배우자(주로 아내)가 일을 하기로 결심하거나, 시간제로 하던 근무를 전일제로 연장하려고 하면 아내 또한 그 즉시 높은 세율을 부과받는 결과로 이어진다. 상황이 이렇다 보니, 혼자서도 가족을 충분히 먹여 살릴 수 있는 남편은 아내에게 집에 있거나 하던 대로 시간제 근무만 하는 게 낫다고 부추기게 되는 것이다.

이 같은 구시대적인 제도가 너무 오랫동안 유지되었다. 간단히 말해, 이는 관습상으로 보나 노동시장 상황으로 보나 우리 시대에 맞는 제도가 아니다. 한편으로는 현재 충분하지 않은 보육원을 신설하고 시간제 근무를 전일제로 바꾸는 데 혜택을 주며 여성의 취업을 장려하면서, 다른 한편으로는 배우자계수 제도를 통해 여성의 노동력 제공에 높은 세금을 매겨서는 안 된다. 세금 개인화 단계로 넘어간 모든 유럽 국가에서 여성의 노동시장 참여 강화라는 목표는 주요한 역할을 했다. 우리가 제안하는 개혁에 따르면, 세금의 개인화는 여성(혹은 커플 사이에서 소득이 더 낮은 남성)에게 부과된 한계세율을 상당히 줄여주는 역할을 한다. 또한 우리는 이러한 조치가 여성 고용 및 전체 경제활동에 상당히 긍정적인 영향을 준다는 사실을 추후에 살펴볼 것이다. 덴마크 경제학자이자 사회학자인 예스타 에스핑 안데르센Gösta Esping-Andersen이 잘 보여주었듯이, 여성 고용을 장려하는 것은 한편으로는 남녀평등을 권장하기 위해, 다른 한편으로는 오늘날 복지국가가 직면한 재정 문제 일부[6]를 해결하기 위해 우리 사회에 필수불가결한 목표다. 프랑스의 경우, 소득세의 개인화는 이 전략 전반에서 매우 중요한 요소다.

이제는 왜 세금의 개인화가 우리가 옹호하는 소득세 개혁의 핵심적인 부분인지 이해할 것이다. 세금의 개인화는 이러한 세금 개혁에 진정한 해방적 면모를 부여한다. 세금은 본디 기술적인 문제가 아니다. 본질적으로 정치적인 문제로, 개인 간, 그리고 사회적 집단 간의 관계를 재설정하는 데 그야말로 설득력 있는 예시로 기여할 수 있다. 그러나 이 문제는 사회의 진정한 선택에 대한 것이기 때문에 있는 그대로 분명히 받아들여져야 한다. 세금의 개인화는 거의 한 세기 전부터 이어져온 세무적 지표들을 뒤흔들 것이다.(가구별 과세는 1914년부터 자리 잡았다.) 사전에 미리 명확한 입장을 취하지 않는 한, 이런 유의 개혁은 선거 이후 즉석에서 만들어질 수 없다. 그런데 당장은 그 어떤 정치책임자도, 좌파도 우파도 가족 소득세와 개인적 사회보장분담금을 어떻게 통합할 것인지 분명히 이야기하지 않는다. 개인화 문제는 저축소득 과세의 문제, 원천징수의 문제, 사회보장제도에 할당되는 재원의 문제 등과 함께 해결해야 할 중요한 문제들에 속한다. 이 문제들은 우리가 옹호하는 개혁의 실현 여부를 결정할 수 있으며, 각자는 이에 대해 어떤 식으로든 입장을 정해야 할 것이다.

IRPP의 눈속임용 누진세율

———

현재 IRPP가 어떻게 운용되는지로 돌아가보자. 실효세율이 아니라 한계세율로 표시된 세율표, 다양한 부문별 세금 공제 혜택, 가족계수 부담 인원수로 소득 나누기 등 여러 규칙이 결합되어 세율표를 완전히 이해 불가능한 것으로 만들고 있다. 더 나쁜 것은, 이것이 국가가 세금을 어떻게 걷는지 이해하도록 돕기 위해서가 아니라 납세자에게 겁을 주려고 만들어진 것처럼 보인다는 점이다.

한 예로, 2010년 소득에 적용 가능한 세율표에 따르면, 7만830유로의 연소득에 41퍼센트의 세율을 적용하고 있다. 이 세율만 보면 극심한 공포에 사로잡힐 수밖에 없다. 연소득이 7만830유로인 커플(두 명의 월소득이 각각 약 3000유로에 달하는)은 소득의 41퍼센트를 세금으로 내야 할까? 당연히 아니다. 왜냐하면 이 41퍼센트라는 세율은 실제로 '7만830유로를 넘어서는 과세소득 일부에 적용 가능한 한계세율'로 실효세율과는 아무런 상관이 없기 때문이다. 결국 실질적으로는 임금 3000유로의 경우 IRPP의 명목으로 실효세율 10퍼센트 이하의 세금을 낸다. 우리가 제안하는 개혁에서는, 임금 3000유로의 경우 11퍼센트의 세금만을 내게 될 것이며, 이것이 현 IRPP와 8퍼센트에 달하는 사회보장분담금을 대체할 것이다.

현 IRPP에서 20~30퍼센트에 달하는 실효세율에 이르려면, 그리고 41퍼센트라는 상한세율에 접근하려면, 연간 수십만 유로에 달할 정도로 소득이 높아야 한다. 그리고 빠져나갈 방법이 얼마든지 있기 때문에 실제로 그러한 높은 세율의 세금을 내는 사람은 한 명도 없다. 현재 1퍼센트의 부유층 납세자가 내는 소득세의 실효세율은 20퍼센트 미만이며, 소득이 올라갈수록 이 비율은 낮아진다. 최고부유층의 경우에는 약 15퍼센트 정도로 낮아지기도 한다. 어떻게 이런 일이 가능할까? 이는 다양하게 축적된 예외조항과 조세 감면의 효과라고 할 수 있다.

먼저 세율표 적용 이후 개입되는 세금 감면 조항이 있다. 여기서 가정 거점직emploi à domicile(보모, 가정교사, 정원사, 전업주부 등 가정을 거점으로 하는 직업군—옮긴이) 대상 세금 감면에서부터 해외 영토 투자에 대한 세금 감면까지 다양한 수십 개의 조세 감면책을 찾아볼 수 있다. 이러한 조항들을 적용하면 세율표 적용 후 세금은 평균적으로 15퍼센트 정도 줄어든다. 그러나 이 평균 세금감면율은 소득 수준이 올라감에 따라 상당히 높아지며, 1퍼센트의 고소득층의 경우 30퍼센트에 달한다.

또한 IRPP의 누진성은 다른 무엇보다도 자본소득, 특히 금융소득(이자, 배당금, 시세차익)이 세율표에서 거의 완전히 빠져나감으로써 훼손되었다. 완전히 적법한 절차를 거쳐, 이러한 소득에서의 일반법 규정은 점차 예외가 된 반면 예외조항은 규칙이 된 셈이다. 바로 여기에 그 규모를 여전히 가늠할 수 없는 놀라운 변모가 숨어 있었던 것이다.

실업자가 주주보다
더 많은 세금을 부과받을 때
___

각자가 현상의 규모를 깨닫고 모두 공유할 수 있는 진단을 내리기 위해 우리는 2005년 이후 프랑스의 다양한 자본소득(금융소득 및 토지소득) 총량에 대해 통계청과 프랑스 중앙은행에서 작성한 국민계정 그대로의 최대한 완전한 데이터를 모았다. 그리고 이 데이터를 IRPP와 사회보장분담금의 과세표준에 나타난 총량과 체계적으로 비교했다.

이를 통해 얻은 결과는 시사하는 바가 많다. 국민계정에 산출된 실질 자본소득의 20퍼센트 이하[7]만을 누진소득세 과세표준에서 찾아볼 수 있으며, 실질 노동소득의 90퍼센트 이상이 누진세율표의 적용을 받았다.[8]

토지소득에 대해서는 실질소득의 겨우 25퍼센트 이상만을 과세표준에서 찾아볼 수 있었다. 이는 한편으로는 세법이 실질 토지소득에 대해 폭넓은 공제(보를로, 베송, 셀리에, 페리솔 법 등 장관마다 자기 법을 만들어 부동산 적자를 발생시킨 다양한 제도는 언급할 필요도 없다)를 허용하기 때문이며, 다른 한편으로는 귀속임대소득을 보완하는 면세 혜택 때문이다.

금융소득에 대해서는 실질소득의 15퍼센트도 안 되는 수준만을 세율표에서 찾아볼 수 있다. 예를 들어, 국민계정에 따르면 프랑스 가계가 받

2-1 누락된 자본소득

해석: 이 그래프는 2005년부터 2010년까지 소득세로 신고된 노동소득(사회보장분담금과 IRPP)의 비율과 사회보장분담금으로 신고된 자본소득의 비율, IRPP 누진세제로 신고된 자본소득의 비율을 보여준다. 각각의 비율에 대해 분자는 세무 데이터로, 분모는 국민계정 데이터로 추산된다. 절세 때문에, 그리고 자본소득 대부분이 사회보장분담금 혹은 IRPP 세율표에 적용되지 않기 때문에 신고된 비율은 훨씬 더 미미하다.

출처: 통계청과 국세청DGI. www.revolution-fiscale.fr Le livre 메뉴의 Annexes aux chapitre 1, 2, 3 파일 참조.

은 연간 약 1700억 유로의 이자와 배당금(400억 유로의 이자, 700억 유로의 배당금, 현금으로 납입 및 환원받은 500억 유로의 생명보험 계약금) 중 200억 유로 이하만을 소득신고에서 찾아볼 수 있다는 것이다. 해가 지날수록 소득신고로 보고된 배당금 총액이 겨우 130~140억 유로(국민소득의 1퍼센트 미만)에 그칠 뿐이라는 사실을 알 수 있다. 반면, 동일한 소득신고로 보고된 실업급여는 이것만으로 그 누 배 이상이다.(280~290억 유로로, 소득신고된 토지소득보다 조금 많다.)[9] 정말로 진지하게, 실업자들이 이 나라의 주주나 토지 소유주보다 더 많은 부를 얻고 있다고 생각하는 것인가?

여기서 조세 포퓰리즘을 펼치거나, 자본이나 자본가에게 과세하는 것만으로 프랑스의 모든 문제를 해결할 수 있다고 주장하려는 것은 아니다. 단지 프랑스 조세제도가 지닌 부당함의 정도가 더 이상 두고 볼 수 없는 지경에 이르렀다는 사실을 인식시키고 싶을 뿐이다. 더 이상 어느 누구도 프랑스의 소득세가 공정하며 '동일 소득에 동일 세금'이라는 원칙을 적용한다고 믿지 않는다. 실제로 이 원칙은 극단적이며 특징적인 방식으로 위반되고 있다. 게다가 우리가 내린 진단은 전혀 새로운 것이 아니다. 이미 20여 년 전에 의회의 어느 세무 보고서가 국민계정에 추산된 금융소득의 20퍼센트 미만(1996년 당시 5260억 프랑 중 900억 프랑)만이 소득신고되었다고 지적했다.[10] 우리가 얻은 결과는 상황이 더 악화되고 있다는 사실을 보여준다.

어떻게 이 지경까지 오게 된 것일까? 일부는 역사적인 이유에서이며, 일부는 세법과 정치적 절차의 무기력함 때문이다. 1914년 일반소득세를 제정할 당시, 세습재산은 상당한 호황을 누리고 있다는 인상을 주었기 때문에 아무도 이에 관한 예외조항을 만들 생각을 하지 않았다. 귀속임대소득을 포함하여 모든 자본소득이 과세 가능한 것이었다. 부동산 소유주들은 자신의 주거주지 및 부거주지의 임대가치를 기타 소득에 더해야 했고, 그 전체가 세율표의 적용을 받았다. 벨 에포크라는 시대적 상황에서 이는 모두에게 너무나 자명한 일이었다.

이후 두 차례의 세계대전, 특히 제2차 세계대전 이후부터 완전히 달라진 경제적 국면 속에서 면세 혜택이 늘어났다. 전쟁 중 파괴와 1930년대의 인플레이션 및 경제위기로 세습재산이 큰 타격을 입은 후 재건과 저축을 권장하는 분위기가 된 것이다. 공공이자는 1950년대에 점진적으로 면세되었다. 그리고 1964년에는 귀속임대소득 과세의 종결이 결정되었다. 1965년에는 모든 종류의 이자가 누진세율표에서 빠져나가도록 원천과세를 제정했으며, 그 외에도 여러 가지가 제정되었다. 이러한 조항들은 도입될 당시에는 종종 정당화되기도 했다. 문제는 1990~2000년대에 세습재산과 이로 인한 소득이 19세기 초반 수준의 호황을 되찾았음에도 이전 조항들을 전혀 재검토하지 않은 채, 1950~1960년대 이후 새로운 조항들을 계속 쌓아나갔다는 점이다.

바로 이러한 상황에서 1990년에 사회보장분담금이 탄생했으며, 미셸 로카르 행정부는 다음의 사실에서 출발하여 사회보장분담금을 구상했다. 프랑스의 조세제도는 노동소득에 절대적으로 기반을 두고 있는데, 이는 세습재산 소득이 점점 더 소득세 세율표에서 빠져나가 사회보장제도의 재원 충당이 지나칠 정도로 노동소득에만 의존하게 되었기 때문이다. 그러므로 사회보장기여금의 일부를 임금만이 아니라 노동소득, 대체소득, 자본소득 등 전체 소득에 기반을 둔 과세로 대체하도록 결정했던 것이다. 기존 소득세의 과세표준이 정당하다고는 아무도 생각하지 않았으며, 구멍이 너무 많아 이를 이용하는 것은 상상조차 할 수 없었기 때문에 새로운 과세표준을 만들어야 했다. 이렇게 해서 프랑스에 두 번째 소득세가 탄생했던 것이다.

1990년 사회보장분담금의 탄생은 1989년 부유세의 탄생과 함께 지난 몇십 년간 프랑스 조세제도의 현대화에서 가장 중요한 시도임이 분명하다. 그리고 오늘날 우리는 이러한 개혁의 연장선상에 서기를 분명하게 제안한다. 1990년의 개혁에 충분하지 않은 부분이 있다면, 이 개혁이 공식적인 소득세의 몰락에 제동을 걸지 못했으며 오히려 그 반대 역할을 했다는 점이다.

1990년 개혁의 또 다른 한계는 사회보장분담금의 과세표준이 완벽한 과세표준과는 거리가 멀다는 점이다. 실질자본소득의 약 40퍼센트만이 사회보장분담금의 과세표준에 포함되는데, 이는 분명 IRPP의 과세표준(20퍼센트 미만)에 비해서는 두 배 이상 되는 수준이지만, 100퍼센트에는 한없이 미치지 못한다. 한편으로 이 과세표준은 토지소득에 적용되는 표준(30퍼센트 미만이지만, 사회보장분담금은 부동산 적자의 공제를 허용하지 않는다는 장점이 있다)과 거의 동일하다. 특히 귀속임대소득은 사회보장분담금이라고 해서 IRPP보다 더 많이 과세되지 않는다.

다른 한편으로 금융소득의 경우, 국민계정에 기록된 프랑스 가계 할당 이자와 배당금, 생명보험 계약금 전체의 50퍼센트만이 사회보장분담

제3장
21세기의
프랑스 소득세

금의 과세 대상에 포함된다. 다시 말해, 여전히 50퍼센트가 부족한 셈이다. 이는 부분적으로는 즉각적 재자본화가 가능한 특정 금융상품이 합법적으로 면세되기 때문으로 설명된다. 그러나 이러한 현상의 일부는 통계학자와 세무관들에게 여전히 미스터리로 남아 있다. 물론 몇 가지 개념적인 차이가 있기는 하다.[11]

그러나 국민계정은 금융회사와 비금융회사의 대차대조표 및 세무신고를 기반으로 하여 통계청과 프랑스 중앙은행에 의해 기록되는 것으로, 가계가 실제 얻은 금융소득을 어떻게 그토록 과대평가할 수 있는지 이해하기 어렵다. 오히려 국민계정이 가계의 금융소득을 과소평가할 만한 이유는 있는데, 외국(보통 스위스[12]) 금융기관에 보유하고 있는 프랑스 거주자의 금융자산을 기록하는 데 문제가 있을 수 있기 때문이다. 그 어떤 경우든 상당한 수준의 개선이 필요한 부분이며, 이는 금융기관과 은행, 세무행정 및 통계행정 간의 원활한 정보 교환을 통해서 가능할 것이다.

사회보장분담금 과세표준의 결함이 무엇이든 간에, IRPP 과세표준에 비해서는 상당한 수준의 개선이 이루어진 셈이다. 모든 소득을 과세하는 통일된 과세표준의 개발은 복합적이고도 근본적인 역사적 과정이라고 할 수 있다. 물론 공권력은 무엇이 소득인지를 정의하는 데 법적·회계적 기준을 강요하겠지만, 이러한 기준이 정당하다고 받아들여질 때만, 그리고 각자 다르게 보유한 자산을 이 유일한 정책에 기반하여 비교하는 것에 모두가 동의해야만 이 같은 기준은 기능할 수 있다. 사회보장분담금이 어떠한 결함을 지녔든 간에, 1990년 이후 사회보장분담금이 이룩한 빠른 발전이 보여주듯 사회보장분담금의 과세표준은 존속할 만한 가치가 있으며, 상대적으로 더 잘 받아들여진다는 장점을 지니고 있다. 그러므로 새로운 과세표준을 만들 필요는 없다. 새로운 소득세는 사회보장분담금의 과세표준으로부터 출발해야 한다.

서서히 임종을 맞이하는 IRPP

소득세IRPP는 천천히 죽어가고 있다. 일단 임종이 시작되면, 이를 아예 철폐하거나 모든 것을 원점에서 다시 시작하는 것 외에는 개혁할 방법이 없을 것이다. 그것이 바로 지금 자연인 대상 소득세에 일어나고 있는 일이다. 간단히 말해, 우리는 이 소득세를 개혁하는 것이 더 이상 불가능하다고 진단한다.

이를 가장 잘 보여주는 증거는 아마도 최근 30년간의 소득세 세수 변화일 것이다. 소득세는 1980년대에 GDP의 약 5퍼센트를, 1990년대 초에 4.5퍼센트 미만을, 2000년대 초에 3.5퍼센트 미만을, 그리고 2010년에 채 2.5퍼센트도 안 되는 수준의 세수를 거두었다. 필수과세의 전반적인 비율이 거의 변하지 않은 나라에서 흔히 볼 수 없는 세수의 폭락이라고 할 수 있다. 즉, 평균 세금은 내려가지 않았지만, 소득세라는 이 특정한 세금은 20년 만에 거의 반으로 줄어든 것이다. 명목GDP는 두 배에 가깝게 성장했지만(1990년에 1조300억 유로, 2010년에 1조9500억 유로), 지난 20년간 명목세입은 비슷한 수준으로(1990년에 450억 유로, 2010년에 500억 유로 미만) 유지되었다.

이러한 폭락은 전혀 우연이 아니다. 이는 소득세가 20년 이상 전부터 '줄어드는' 세금이 되었다는 데서 온 결과다. 1983년부터 그 어떤 행정부도 소득세를 올리지 않았다. 소득세는 오히려 거의 매년 하락했는데, 과세율이나 과세구간을 하향 조정함으로써(1986년부터 2005년까지 연속 여섯 번 시행되었다) 직접 인하되거나, 새로운 조세 감면책이 생겨나면서 (2007년의 추가근무시간과 대출이자 관련 감면) 간접 인하되었다.

물론 이는 주로 소득세 인하에 끈질기게 열중한 우파 정부의 공로

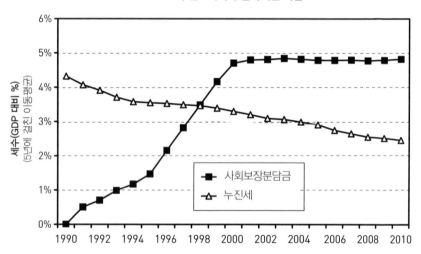

2-2 누진소득세의 점차적인 죽음

해석: 이 그래프는 사회보장분담금이 탄생한 1990년부터 2010년까지의 누진소득세(즉, IRPP)와 사회보장분담금의 세수를 GDP대비 비율로 보여준다. 단기간 변동의 평균 변화를 구하기 위해 5년에 걸친 이동평균을 제시했다.

출처: 통계청과 국세청 데이터. www.revolution-fiscale.fr Le livre 메뉴의 Annexes aux chapitre 1, 2, 3 파일 참조.

라고 할 수 있다. 그러나 중요하게 짚어야 할 점이 있다면, 1988년부터 1993년까지 프랑수아 미테랑의 두 차례 임기 동안에도, 1997년부터 2002년까지 조스팽의 임기 동안에도 우파 정부가 결정한 소득세 인하를 되돌리려는 시도를 좌파 정부가 단 한 번도 하지 않았다는 것이다. 점입가경으로 이들은 결국 2000년에 이러한 절차를 강화하기에 이르렀다. 그러므로 우리의 결론은 분명하다. 소득세는 너무나 이해하기 어렵고, 민심을 얻고자 더 줄이는 것 외에는 달리 개혁할 엄두를 낼 수가 없다. 그러니 소득세의 종말을 앞당기는 것이 낫다.

동일 소득에 동일 세금: 새로운 소득세

우리가 만들고자 제안하는 새로운 소득세가 어떻게 운용될지 보여주겠다. 이 새로운 제도가 2012년 대선 이후 가결된다면 2013년 1월 1일부터 발효될 것이다. 새 법안은 조항 수가 굉장히 적을 것이며, 이는 좋은 일이라고 할 수 있다.

제1조: 현 자연인 대상 소득세IRPP는 철폐된다.(원천과세, 노동소득세 액공제, 세금상한제 역시.)

제2조: 새로운 소득세IR는 현 사회보장분담금을 대신하며 2013년 1월 1일부터 원천징수될 것이고, 사회보장분담금과 동일한 과세표

준 및 규칙을 따를 것이다.

제3조: 현행 사회보장분담금의 비례세율을 적용하는 대신 2013년 1월 1일부터는 하기 세율표에 명시된 누진세율을 적용할 것이다.

전체 소득에 직접 적용 가능한 실효세율이 명시된 다음 세율표(표 2-3)를 살펴보자. 예를 들어, 고용주에 의해 원천징수되는 세금은 월명

2-3 새로운 소득세율표(제로베이스에서 시작한 버전)

개인 월명목소득	실효세율	월간세금
1100유로	2%	22유로
2200유로	10%	220유로
5000유로	13%	650유로
1만 유로	25%	2500유로
4만 유로	50%	2만 유로
10만 유로	60%	6만 유로

주1: 이 세율표는 한계세율이 아니라 전체 소득에 직접 적용 가능한 실효세율을 표시한 것이다. 이는 현 사회보장분담금에 적용되는 모든 개인 명목소득 총액(임금, 비임금 활동소득, 퇴직 및 실업급여, 시세차익 포함 자본소득)에 적용된다. 세금은 매달 고용주 혹은 금융기관에 의해 원천징수된다. 적용될 실효세율은 최종 얻게 된 연간소득에 좌우된다.(다음 해 초에 조정됨.)

주2: 이 세율표는 현 소득세(5.5퍼센트에서 41퍼센트 사이를 오가는 한계세율 구간을 지닌 IRPP), 7.5~8.2퍼센트 사이의 세율로 모든 소득에 과세하는 사회보장분담금, 0.5퍼센트의 사회부채상환세CRDS, 18퍼센트에 달하는 원천과세와 시세차익에 대한 비례세, 노동소득세액공제, 세금상한제를 완전히 대체한다. 이 모든 세금 및 세무조항은 완전히 철폐된다.

목임금 1100유로에 대해 2퍼센트, 2200유로에 대해 10퍼센트, 5000유로에 대해 13퍼센트다.

우리가 이처럼 특수한 세율표(구상을 명확히 해주며 얼마든지 수정될 수 있는)를 제시하게 된 이유, 그리고 실효세율로 표현된 세율표의 기능에 대해서는 뒤에서 살펴볼 것이다. 현 단계에서 중요한 점은 전체 조항의 단순성을 강조하는 것이다. 우리가 제안한 개혁은 프랑스에 이미 상대적으로 폭넓고 더 잘 받아들여지는 과세표준, 즉 사회보장분담금에 기반을 둔 원천징수 소득세 제도가 있다는 사실에 크게 기반을 두고 있다. 우리는 사회보장분담금의 과세표준이 완벽하지 않다는 사실을 모르지 않는다. 이 과세표준은 더 확대되어야 하며, 특히 자본소득에 대한 징수 방식과 관리 방식이 개선되어야 한다. 그러나 사회보장분담금이라는 법적·행정적 제도는 충분히 존속할 만한 가치가 있으며, 모든 조각을 새로이 만들 필요는 없다. 이제부터 고용주는 임금을, 퇴직 및 실업기금은 대체소득을, 금융기관은 이자와 배당금 혹은 시세차익을 납입하며 원천징수를 실행한다.

비례세율의 원천징수에서 누진세율의 징수로 넘어가는 과정은 기술적으로 몇 가지 복잡한 상황을 유발한다. 그러나 이러한 절차적 복잡함은 모든 국가에서 이미 극복해냈고, 프랑스에서도 충분히 극복할 수 있을 것이다. 이미 최근 몇 년 사이에 세무행정은 놀라운 진보를 이룩했다. 각 기업에서 전송된 수백만 개인정보의 정보화와 중앙관리 덕분에 세무행정상 소득신고서의 사전 작성이 가능해졌다. 대부분의 경우, 납세자는 정보를 확인하고 신고서에 서명만 하면 된다. 이 기술 덕분에 2008년에는 가족수당 관련 연소득신고가 폐지되었다. 즉, 85퍼센트의 가족수당 수령자들은 더 이상 어떠한 신고서도 작성할 필요가 없으며, 개인소득과 관련해 필요한 정보를 가족수당기금이 세무행정 측으로부터 직접 받게 된 것이다.[13]

누진세율의 원천징수 도입은 이러한 변화와 현대화의 연장선상에 있게 될 것이다. 최대 난점은 어느 고용주가(혹은 어느 기관이) 정해진 소득을 지불할 때, 일반적으로 어느 것이 연소득인지 잘 모르며, 그러므로 어떠한 세율을 적용해야 할지 확실히 알지 못하는 것이다. 예를 들어, 어떤 고용주가 1100유로의 월명목임금을 지불하며 2퍼센트를 원천징수해야 하는 상황에 있다고 하자. 그러나 그는 자신의 피고용자가 연말에는 더 높은 임금을 받거나(어쩌면 다른 고용주 아래서), 혹은 세습재산 소득(아마도 시세차익을 통한)이 있다는 것은 모른다. 이 경우 피고용자의 진짜 연소득은 6만 유로(월평균 5000유로)에 이르며, 이에 해당하는 세금은 2퍼센트가 아니라 13퍼센트가 되어야 한다. 이 같은 문제를 해결하기 위해 세무행정은 고용주들에게 전년에 실제로 시행된 총 과세율을 전송해 주어야 한다. 그리고 어떤 경우든 소득신고의 조정은 다음 해 초에 이루어져야 한다. 모든 소득과 이미 시행된 원천징수가 명시된 사전 작성 신고서를 받고, 필요한 경우 이를 조정하는 것이다. 대부분의 경우, 어떠한 조정도 필요하지 않다.

저임금노동자는 납세자이지
보조 대상자가 아니다

———

제안된 시스템은 원천과세와 노동소득세액공제, 세금상한제를 포함해 현재의 사회보장분담금과 IRPP를 완전히 대체한다. 이는 크게 단순화된 것이라 할 수 있다. 사회보장분담금의 다양한 세율 역시 사라진다.[14] IRPP의 구간과 세율표(혹은 IRPP의 다양한 세율과 상한선)도 사라진다.

이 같은 단순화는 현 제도에서 자신의 가처분소득과 구매력을 알고자 험난한 과정을 거쳐야 하는 저임금계층에게 가장 괄목할 만한 변화를 가져다줄 것이다. 저임금계층은 매달 사회보장분담금 명목으로 8퍼센트의 세금을 부과받는데, 이는 연간소득 중 한 달 치 임금에 해당하는 수준이다. 이후 이들은 근무시간, 배우자의 소득 등 복잡한 방식에 따라 평균 반달 치 임금에 해당하는 노동소득세액공제를 다시 지급받는데, 이러한 지급은 보통 세금을 납부한 뒤 1년 후에 이루어진다. 한 달 치 임금을 징수한 뒤에 반달 치 임금을 수당으로 다시 지급하는 것이 대체 무슨 의미인가? 해당자가 약간의 IRPP를 낼 의무는 있지 않은지, 혹은 고용연대소득RSA을 받을 자격이 있지 않은지 따위는 차치하고서라도 말이다.

우리가 제안하는 제도는 모든 면에서 훨씬 더 단순하다. 사회보장분담금과 IRPP 대신 저임금노동자에게서 2퍼센트를 징수하며, 명목임금이 상당히 증가한 해당 노동자에게 수당을 지급할 필요는 전혀 없다. 다시 말해, 우리의 개혁은 모든 저임금노동자의 직접임금을 증가시키는 것에 기반을 두며, 이들을 보조 대상자가 아니라 납세자로 취급한다.(이들은 확실히 납세자인데, 모든 과세를 포함해 약 40~45퍼센트의 실효세율에 직면하기 때문이다.) 이는 우리가 제안하는 개혁의 가장 본질적인 측면이라고 할 수 있다.

이러한 예는 납세자 생활의 단순화에 원천징수가 하는 역할의 중요성을 보여준다. 각자에게 의무로 부과된 것을 12개월 혹은 13개월 이후가 아니라 실시간으로 계산하게 되는 것은 진정한 진보라고 할 수 있다.

구멍 난 과세표준:
과오를 되풀이해서는 안 된다

———

새로운 소득세는 과거와 같이 예외조항과 조세 감면의 중첩을 절대적으로 피해야 한다. 그렇기 때문에 우리는 현 사회보장분담금과 정확히 동일한 세율표를 사용하고, 이에 대한 조정이 과세표준의 확장으로 이어진다면 조정을 고려하지 말자고 주장하는 것이다. 다시 말해, 실효세율을 결정하기 위해 사용된 새로운 과세소득은 어떤 한 해 동안의 사회보장분담금 명목으로 현재 과세된 총소득(임금, 비임금 활동소득, 대체소득, 토지소득 및 금융소득)과 동일하다는 것이다.

특히 우리는 현재 사회보장분담금 명목으로 과세되는 모든 소득, 즉 이자, 배당금, 생명보험 계약금, 시세차익 등을 금융소득에 포함한다. 이러한 세율표가 국민계정에 기록된 금융소득의 50퍼센트도 채 포함하지 못하는 것을 고려하면, 모든 추가 세금 감면은 결코 정당화될 수 없다. 그러므로 기업 내에서 분배되지 않고 축적된 이윤 가치의 일부를 차지하는 시세차익은 다른 모든 소득과 동일하게 누진세율표의 적용을 받을 것이다. 이는 좋은 현상이라고 할 수 있는데, 외국의 사례를 볼 때 시세차익에 대한 세무 예외조항은 소득 왜곡과 세무 최적화 전략을 유발해왔기 때문이다.

마찬가지로 우리는 간주배당세액공제avoir fiscal 제도를 재도입해야 한다고 생각하지 않는다. 이 제도는 기업이 지불하는 법인세를 주주에게 환불해주었던 과거의 메커니즘으로, 2004년 들어 배당금에 대한 40퍼센트의 세액공제(현재 IRPP에서 시행되는 모든 공제와 감면처럼 우리 개혁에서는 사실상 폐지될 공제)로 대체되었다. 왜냐하면 무엇보다 특정한 종류의 소득(배당금)에 대해 특정한 세금(법인세)을 환불해줄 납득할 만한 경제적 이유가 전혀 없기 때문이다. 뿐만 아니라 배당금은 모든 종류의 소득 중 가장 제대로 신고되지 않는 소득이다. 그렇다면 오히려 토지소득에 대해 토지세를, 임금노동자에게 사회보장기여금을, 모든 납세자에게 소비세를 환불해주지 못할 이유는 무엇인가? 법인세의 실효세율은 현재 20퍼센트에 채 미치지 못하며, 오로지 노동소득으로만 충당되는 비기여 사회보장기여금(질병, 가족, 교육 등)의 세율보다 훨씬 낮다. 노동소득과 자본소득 간에 진정한 조세 중립성을 확립하길 바란다면, 우리가 제3장에서 제안하는 것처럼 사회보장기여금 개혁부터 시작해 전 유럽 차원에서 법인세를 개혁해야 한다.[15]

여하튼 간주배당세액공제의 재도입은 전 유럽 차원에서 법인세 과세표준의 완전 개정을 통해, 그리고 개인 차원에서 받은 배당금과 기업 차원에서 부과된 이윤을 세무행정이 연결할 수 있게 해주는 정보교환 시스템을 통해서만 이루어질 수 있을 것이다. 게다가 이러한 정보 시스템은 탈세에 더 효과적으로 대응할 수 있게 해줄 것이다.

사회보장분담금의 과세표준을 조정 없이 다시 채택하는 것처럼, 역시 단순성과 명확성이라는 이유로 우리는 사회보장기여금 제외 소득이 아니라 명목소득을 과세 대상으로 잡았다. 이러한 선택에는 논의의 여지가 있다. 퇴직·실업 기여금은 그 자체로 과세 가능한 대체소득의 재원을 충당하는데, 임금에서 이 기여금들의 공제를 허용하는 것은 당연해 보일 수 있기 때문이다. 그러나 우리의 퇴직·실업 기여금 시스템의 미완적인 기여 성격으로 미루어볼 때, 이러한 방식은 장점보다 단점이 더 클 것 같다. 예컨대 퇴직·실업 기여금 세율의 향후 상승은 소득세 감면을 통해 고임금소득에 대해서는 사실상 대부분 환불될 것이다. 일반적으로 볼 때, 새로운 소득세와 현재의 사회보장기여금을 명목소득을 기준으로 징수하는 것은 민주적 투명성 면에서 최상의 방식으로 보인다. 즉, 각자가 여러 세금의 세율을 쉽게 비교할 수 있는 것이다.[16]

과거의 '구멍 난 과세표준'을 반복하지 않겠다는 바로 그 목표에서, 우리는 초기에는 현재 IRPP와 관련된 세금 감면 조항 전체를 폐지하지 않고 시작하기를 권한다. 적어도 이 새로운 소득세가 도입되는 초기 2~3년 동안은 완전히 원천징수되는 소득 목록, 그리고 이미 시행된 과세 목록만을 소득신고 조정에 포함할 것이며(잠재적인 조정을 계산할 수 있도록), 특정한 공제 혹은 세금 감면 혜택과 연관된 경우는 전혀 포함하지 않을 것이다. 만약 이 기간에 이러저러한 조세 감면의 옹호자들(가정거점직 종사자, 해외 영토 투자자 등)이 이 예외조항의 비용편익 관계가 사회 전체에 이롭다는(우리가 알기로는 단 한 번도 그랬던 적이 없지만) 증거를 엄격한 계산을 통해 제공할 수 있다면, 재도입을 고려할 수 있을 것이다. 그러나 이는 모든 납세자에게 적용되는 세율표의 세율을 올리는 것을 통해서만 가능할 것이며, 절차의 규율을 확실하게 통제할 수 있어야 한다고 본다. 모든 것이 진정으로 납득할 만해야 하는 것이다.

마지막으로 순전히 기술적인 측면이 있다. 만약 이 새로운 제도가 2013년 1월 1일에 도입된다면, 2012년의 소득에 대해서는 세금이 부과되지 않을 것이다. 외국의 유사한 경험을 참고한다면, 이 누락되는 해의 명목으로 비정상적으로 올라간 보너스를 지급받는 이들에게 페널티를 가할 수 있도록 2012년의 소득신고를 유지하는 것(2013년 봄에 사전 작성된 신고서와 함께)이 가장 좋은 방법으로 보인다.

실효세율표: 누가 얼마를 내는지 안다

이제 새로운 세율표라는 핵심적인 문제로 들어가보자. 우리가 제안하는 새로운 소득세율표는 다음의 방식으로 작동한다. 모두가 최소한의 세금을 내는 것이다. 개인명목소득 1100유로까지 세금은 2퍼센트로 고정된다. 월소득 1100~2200유로의 실효세율은 2~10퍼센트다. 월소득 2200~5000유로의 실효세율은 10~13퍼센트다. 이후 실효세율은 월소득 1만 유로에 대해서는 25퍼센트까지, 4만 유로에 대해서는 50퍼센트까지, 10만 유로에 대해서는 60퍼센트까지 점진적으로 올라간다.

이 세율표의 중요한 점은 한계세율이 아니라 전체 소득에 직접 적용 가능한 실효세율을 나타냈다는 점이다. 예를 들어, 5000유로의 월소득에 해당하는 세금은 5000유로의 13퍼센트(650유로)에 해당하며, 1만 유로의 월소득에 해당하는 세금은 1만 유로의 25퍼센트(2500유로)에 해당한다. 7500유로의 월소득에 대한 실효세율은 19퍼센트다.

실효세율을 표시한 세율표의 가장 큰 장점은 누가 얼마를 내는지 각자 즉시 파악할 수 있다는 데 있다. 특히 이러한 세율표는 일반적으로 소득 위계질서의 매우 높은 수준에 도달해야만 상당한 실효세율에 이를 수 있다는 사실을 알게 해준다. 예를 들어, 우리가 제안하는 세율표는 소득의 폭이 매우 넓은데, 월소득 2200~5000유로(어림잡아 50~90번째 백분위에 해당한다)의 실효세율은 10~13퍼센트로 거의 일정하며, 상대적으로 제한적이다. 상위 2퍼센트의 고소득층에 해당하는 월소득 1만 유로에 이르러야만 25퍼센트의 실효세율에 도달하게 된다. 그리고 현재 세율(41퍼센트의 IRPP와 8퍼센트의 사회보장분담금)보다 대체로 높은 비율인 50퍼센트의 실효세율에 도달하려면 월소득 4만 유로(0.1퍼센트의 최고소득층)에 이르러야 한다.

인민전선 대 비시

세율표를 한계세율로 나타내는 것은 너무 오래전에 도입되어, 우리는 세율표를 적는 또 다른 방식이 존재했다는 사실조차 잊어버렸다. 사실, 실효세율을 표시하는 세율표는 프랑스에서 이미 1936년부터 1941년 사이 인민전선Front Populaire의 뱅상 오리올 재무장관이 시행한 일반소득세의 야심 찬 세율표 개혁을 통해 적용된 바 있다. 우리 정치·세무사에서 잘 알려지지 않은 이 일화는 상기할 만한 가치가 있다.[17]

이 새로운 세율표의 핵심적인 목적은 정확히 말해 민주적 투명성이었다. 1930년대나 오늘날이나 납세자들이 제대로 다루지 못하는 한계세율 구간의 모호한 성격을 없애고, 각자가 세금 계산을 이해할 수 있게 하는 것이다. 게다가 뱅상 오리올의 세율표는 인민전선으로 하여금 매우 폭넓은 소득에 대해 상대적으로 낮은 세율을 유지하고, 고소득 집단에 한정하여 투명한 세금 인상을 가능하게 해주었다.

이 실효세율표는 6년간 적용되다가 비시 정권에 들어 폐지되었다. 1942년 10월 24일 자 법은 1942년의 소득부터 계산해 한계세율로 표시한 구간 세율표를 도입했고, 이는 오늘날까지 계속 적용되고 있다. 당시 논의에서 흥미로웠던 사실은, 이 실효세율이 너무나 투명해 세금의 인상 및 인하를 명확하게 알 수 있고, 현 정부에 너무 많은 행동의 여지를 주기에 '다수의 폭정'을 추동할 수 있다는 이유로 비난받았다는 점이다. 인민전선의 적들은 특히 한계세율표가 모든 사회적 집단을 서로 이어줄 수 있다고 주장했는데(한계세율을 올리거나 내리는 순간부터, 누구나 자신의 소득 중 일부가 이 세율구간에 관련되게 된다), 이는 사실상 누진세율의 적용을 절제하는 것으로 이어진다. 뭐 그렇다고 치자. 그러나 이것이야말로 아무도 이 한계세율을 이해하지 못하게 하는 요인이다.

물론 우리는 한계세율로 표현된 세율표를 지지하는 사람들을 '배신자' 취급하려는 것이 아니다. 단지 우리가 제안하는 실효세율표가 현 세율표보다 훨씬 단순하며, 현 세율표가 잘못된 동기에 기반을 두어 만들어졌다는 것을 강조하고 싶을 뿐이다.

최소한의 누진성을 확립하기

우리는 어떻게 이 세율표를 지지하게 되었을까? 일단 이 세율표는 구상을 명확히 하고, 우리가 제안하는 제도적 개혁의 장점을 보여주기 위한 단순한 제안에 불과하다는 점을 확실히 해둬야겠다. 그래프에서 확인할 수 있듯이, 우리가 제안한 세율표의 주요한 장점은 전반적인 과세 구조에 매우 제한적인 변화만 가하면서 프랑스 조세제도의 정점에서 최소한의 누진성을 확립하게 해준다는 것이다. 그러므로 이는 상대적으로 온건하며, 당연하지만 예산 균형이라는 조건을 준수하는 개혁이다. 대안으로 제안된 세율표는 총 1470억 유로의 세수를 걷게 해주며, 이는 폐지될 세금의 세수를 정확히 대체한다.

구조적으로, 개혁 전과 후의 평균세율은 엄밀히 말해 동일하다. 모든 과세를 고려한다면 약 47퍼센트가 될 것이다. 총 47퍼센트의 세율 가운

데, 소득세(개혁 전에는 IRPP와 사회보장분담금 개혁 후에는 새로운 소득세)
는 약 9퍼센트를 차지한다. 과세소득의 비율로 보면(사회보장분담금 과세
표준으로 따지면 국민소득의 약 70퍼센트) 소득세 명목의 평균세율은 개혁
전이나 후나 13퍼센트다.

IRPP와 사회보장분담금을 13퍼센트의 균일한 '비례세flat tax'로 대체하

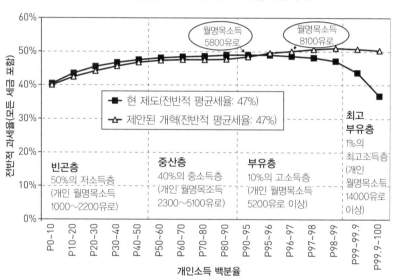

2-4 온건한 목표: 최소한의 누진성 확립하기

해석: 이 그래프는 풀타임의 80퍼센트 이상을 근무하는 18~65세의 인구를 대상으로 하여 현
제도 및 우리의 개혁 이후의 전 과세를 포함하는 전반적 과세율을 소득집단별로 구분
해 보여준다. P0~10은 0에서 10까지의 퍼센트, 즉 10퍼센트의 최저소득자를 가리키며,
P10~20은 다음의 10퍼센트를, P99.9~100은 0.1퍼센트의 최고소득자를 가리킨다. 평균
세율은 현 제도 및 우리의 개혁에서 모두 47퍼센트다.

출처: www.revolution-fiscale.fr Le livre 메뉴의 Annexes aux chapitre 1, 2, 3 파일 참조.(전
성인 인구에 대한 수치도 기재해놓았다.)

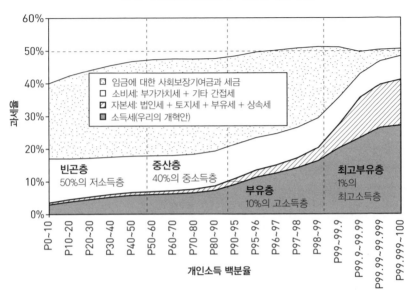

2-5 누진성을 확립하다: 세금에 따른 구성

과세율

- ☐ 임금에 대한 사회보장기여금과 세금
- ☐ 소비세: 부가가치세 + 기타 간접세
- ☑ 자본세: 법인세 + 토지세 + 부유세 + 상속세
- ■ 소득세(우리의 개혁안)

빈곤층
50%의 저소득층

중산층
40%의 중소득층

부유층
10%의 고소득층

최고부유층
1%의
최고소득층

개인소득 백분율

해석: 이 그래프는 세금을 네 가지 커다란 범주로 분류한다. 사회보장기여금(및 기타 임금에 대한 세금), 소비세(부가가치세와 기타 간접세), 자본세(법인세, 토지세, 부유세, 상속세), 우리의 새로운 소득세가 그것이다.

출처: www.revolution-fiscale.fr Le livre 메뉴의 Annexes aux chapitre 1, 2, 3 파일 참조.(전 성인 인구에 대한 수치도 기재해놓았다.)

는 것이 가능하다는 사실은 놀랍지 않을 것이다. 사회보장분담금의 세율은 8퍼센트이며, 여러 가지 이유로 좀먹은 IRPP가 사회보장분담금의 절반에도 미치지 못하는 세수를 거둔다는 사실을 여러 차례 언급했으니 말이다. 그러나 소득 사다리의 상층부에 있는(혹은 그렇다고 생각하는) 사람들에게도 매력적일 이 '비례세'라는 선택은 90퍼센트의 인구(월소득 5000유로 이하)에게 세금을 더 과중하게 하는 결과를 가져올 수 있으며,

지금도 이미 역진적인 조세제도 전반을 더 역진적으로 만들 수 있다.

과반수에 대한 구매력 상승효과

우리의 목표는 완전히 다르다. 제안된 세율표에서는 가장 부유한 3퍼센트(개인 월명목소득 8000유로 이상)만이 지금보다 더 많은 세금을 낸다. 이 개혁은 7000유로대의 월소득자에게는 별다른 영향을 미치지 않는다. 월소득 6000유로 이하에서는 약간의 세금 감소를 가져오며, 이는 구매력이 낮고 노동소득에 과한 과세를 하는 요즘 같은 시대에 무시할 수 없는 효과다. 몇 가지 예를 들어보겠다.[18]

월소득 1800유로에서 구매력은 평균 2.3퍼센트 상승하며(실효소득세율이 9.6퍼센트에서 7.3퍼센트로 감소), 이는 월간 40유로 이상, 연간 500유로에 달하는 금액이다.

월소득 4300유로에서 구매력은 평균 2.8퍼센트 상승하며(실효소득세율이 15.1퍼센트에서 12.3퍼센트로 감소), 이는 월간 120유로, 연간 1400유로 이상 되는 금액이다.

월소득 8000유로 이상이 되면 납세자 대부분의 구매력 상승효과가 상대적으로 줄어든다. 구매력 상승 정도는 월소득 1만4000유로까지는 소득의 5퍼센트 미만이며, 0.1퍼센트의 최고소득자(월소득 4만 유로 이상)에게서는 소득의 10퍼센트에 불과하다.

이 수치들은 각각 다른 소득 수준에서 관찰된 평균에 해당한다는 점을 밝혀두어야겠다. 예컨대, 자본소득이 매우 적고 노동소득(임금 혹은 비임금 소득)밖에 없으며 현 제도에서 어떤 조세 감면의 덕도 보지 못하는 사람의 경우, 월명목소득 8000유로 이상 1만1000유로까지는 세금이 줄어들 것이다. 반대로, 현재 강력한 면세나 감세 혜택을 받는 금융소득을 보유한 사람은 오히려 세금이 올라갈 것이다. 가족 상황 역시 일정한 역할을 한다. 보통 부차적인 소득원처럼 취급되는 여성의 경우, 통상적으로 남성보다 더 강력한 세금 감소 효과를 볼 것이다. www.revolution-fiscale.fr 사이트는 각각 다른 수준의 소득에 대해 세금이 줄어들고 늘어나는 구조를 명확하게 계량화하고 분석할 수 있게 해준다. 평균적으로 볼 때 대부분의 인구(즉, 하위 96퍼센트까지)가 개인적인 세금 감소를 경험한다는 것이 전반적인 결과다.

순전히 개별적인 결과의 분석을 넘어서서, 제안된 개혁과 세율표는 개혁 때문에 더 많은 세금을 내는 고소득자를 포함한 모두에게 세무 환경을 단순화하는 개선이 될 것으로 보인다.

요컨대 더 많은 세금을 내는 사람(대략 3퍼센트의 최고소득자)과 더 적은 세금을 내는 사람(나머지 97퍼센트) 사이에 이전되는 세액은 약 150억 유로, 즉 국민소득의 1퍼센트에 못 미치는, 온건하며 합당한 수준이라고 할 수 있다. 이 150억 유로 가운데 50억 유로만이 자본소득에 대한 과세 상승으로부터 나오며, 나머지는 더 나아진 누진세율(누진세율은 자본소득만큼이나 노동소득에도 영향을 미친다. 예컨대 소액의 저축소득 대부분이 개혁의 득을 볼 것이다)과 조세 감면책의 폐지에서 나오는 것임을 이해하는 것이 중요하다.

이 150억 유로는 그 득을 보는 사람들에 따라 대략 50억 유로씩 세 덩어리로 분배되는데, 두 덩어리는 전일제 노동자(50억 유로는 중산층, 50억 유로는 빈곤층)에게, 나머지 50억 유로는 전일제 노동자에서 제외되거나 거리가 먼 사람, 적은 대체소득으로 살아가는 사람에게 분배된다. 이 같은 분배를 수정하려면 세율표의 조정만으로도 충분하다.

우리가 제안하는 고세율 역시 여전히 온건하며 합당한 것으로 보인다.(표 2-6 참조.) 50퍼센트의 실효세율에 이르려면(41퍼센트의 IRPP와 8퍼센트의 사회보장분담금이라는 현재의 높은 세율과 대략 일치하는) 월소득 4만 유로, 연소득 약 50만 유로에 이르러야 한다. 우리는 또한 월소득 10만 유로(연소득 120만 유로) 구간에 대해 60퍼센트에 이르는 실효세율을 제안한다. 이는 실효세율표가 어떻게 기능하는지 보여줄 수 있다. 더 실질적으로, 이 60퍼센트의 세율은 매우 높은 소득 구간에 대해 누진성(혹은 비역진성)을 유지하기 위해 필요하다. 이는 우리의 개혁 이후에도 세무소득/실질소득 비율이 최고소득자에 대해 0.1퍼센트 이하로 상당히 줄어든다는 사실에 기인하고 있다. 덧붙이자면 이 60퍼센트 세율을 폐지하는 것은 20억 유로의 세수를 잃는 것에 해당하며, 이를 저소득자에게서 회수해야 할 것이다.(최고세율이 50퍼센트인 '우파의 세율표'를 참조하라.) 반대로, 몇몇은 아마도 이 세율을 높이기를 바랄 것이며, 이는 저소득자의 세금을 약간 줄일 수 있게 해줄 것이다.(좌파의 세율표'를 참조하라.) 우리의 목표는 여기서 이 논쟁을 끝맺는 것이 아니라 오히려 새로운 과세표준에 대한 논쟁의 장을 여는 것이다.

2-6 우파의 세율표, 좌파의 세율표

개인 월명목소득	실효세율				
	극우파의 세율표(비례세)	우파의 세율표	우리의 제안 (제로베이스에서 시작한 버전)	좌파의 세율표	극좌파의 세율표
1100유로	13%	3%	2%	1%	0%
2200유로	13%	11%	10%	9%	4%
5000유로	13%	13%	13%	13%	11%
1만 유로	13%	25%	25%	27%	40%
10만 유로	13%	50%	60%	70%	90%

주1: 여기 제시된 여러 세율표는 모두 동일한 세수(1470억 유로)를 가져다주며, 새로운 소득세
로 대체된 세금들(IRPP, 사회보장분담금, 원천과세, 시세차익에 대한 비
례세, 노동소득세액공제, 세금상한제)을 정확히 보상하는 역할을 한다. 물론 여기에 명시
된 '우파의' '좌파의' 세율표라는 말은 순전히 설명을 위한 것이다. 누구나 자신이 선택한
세율표를 www.revolution-fiscale.fr 사이트에서 모의실험해볼 수 있다.

주2: 여기 제시된 여러 세율표는 오로지 소득세율만을 보여준다. 전반적인 과세율은(모든 과세
를 포함한) 다른 세금들이 더 막중한 저소득층에게서는 확실히 더 올라가며, 비과세소득
비율이 높거나 다른 세금의 상대적인 부담이 낮은 고소득층에게서는 확실히 덜 올라간다.
우리가 제안하는 세금을 보려면 92쪽의 그래프 '누진성'을 확립한다: 세금에 따른 구성'을
침조하고, 이 표에 나온 대안적 세율표 각각을 살펴보려면 www.revolution-fiscale.fr Le
livre 메뉴의 Annexes aux chapitre 1, 2, 3 파일을 참조하라.

세수 일부를 사회보장제도에 할당하기

새로운 소득세를 사회보장분담금의 확장처럼 구성하는 방식이 지닌 또
다른 이점은, 사회보장제도의 비용 충당 문제를 매우 간단히 해결해준
다는 것이다. 현재 사회보장분담금의 세수는 사회보장제도에 쓰이고 있

다. 이 세수는 사회보장제도 자금조달법에 의거해 매년 가을 정해진 공식과 법칙에 따라 사회보장제도의 혜택을 입는 여러 분야(노년수당의 자금을 조달하는 연대기금, 의료보험, 가족수당)에 분배된다.

우리는 새로운 소득세에서도 정확히 동일한 방식으로 가야 한다고 제안한다. 세수의 1퍼센트가 매년 사회보장제도 자금조달법에 의거하여 사회보장 혜택에 할당되어야 하며, 나머지는 현재 IRPP의 세수처럼 국가의 예산으로 들어가야 한다. 더 구체적으로, 우리는 사회보장제도에 할당되는 세수의 비율이 현재 사회보장분담금과 동일한 과세표준을 적용하여 과세표준에 대한 비율로 계산되어야 한다고 제안한다. 이러한 방식으로 사회보장제도의 예산은 완전히 보장될 수 있을 것이다. 새로운 소득세의 잠재적인 감소가 있을 경우, 이를 국가 예산으로 충당할 테니 말이다.

이러한 사회보장제도의 재원 충당 문제는 굉장히 심각하다. 많은 조합 활동가가 바로 이러한 이유로 사회보장분담금과 IRPP의 통합을 우려하고 있다. 그러나 우리가 제시하는 해법은 객관적으로 매우 믿을 만해 보인다. 우리가 보기에는 오히려 저임금노동자가 내는 사회보장분담금을 줄이기 위해 노동소득세액공제부터 시작해 온갖 복잡한 미봉책을 쌓아 올리며 각자 개인적으로 8퍼센트의 사회보장분담금을 내게 하는 것이 더 근거가 없다. 노사 간 공동결정co-determination은 우리 조세제도의 몰락으로부터 얻을 것이 없는 셈이다.

제안된 개혁은 효과적인가?

———

많은 경제연구가처럼 이 책의 저자들은 경제적 효율성과 사회 정의의 개념을 공유하고 있다. 이 사회 정의의 개념은 종종 롤스적이라고 평가되는데, 이는 미국 철학자 존 롤스John Rawls의 이름에서 온 것이다. 롤스는 사회적 최적 상태라는 개념이 가장 불리한 사회적 집단, 즉 최소한의 생활 조건과 기회를 누리는 이들의 생활 기회 및 생존 조건의 최대 개선을 의미한다고 보았다.[19] 다시 말해, 조세개혁이 가장 가난한 이들의 운명을 실질적으로 개선해준다면 이는 사회적으로 유용하며 실행되어야 한다는 것이다.

사실 이 기준은 훨씬 더 오래된 정치적·철학적 전통에 속해 있다. 1789년의 인권선언문 제1조는 "사회적 차별은 공익에 기반을 두어야만 성립될 수 있다"고 명시한다. 이 기본적 조항에 대한 합리적인 해석은 사회적 불평등이 모두의 이익을 대변할 때, 특히 가장 불리한 자들의 이익을 대변할 때 용인될 수 있다는 것이다. 그리고 뒤집어 말하자면, 불평등의 감소가 가장 가난한 이들의 이익을 대변하는 한 불평등은 감소되어야만 한다는 것이다.

실제로는 유용성과 사회 정의라는 추상적인 원칙(순전히 이론적인 수준의 원칙은 확실한 사회적 합의의 대상이 된다)보다는 가장 가난한 이들의 복지를 실질적이고 효과적으로 개선할 수 있는 수단에 있어 의견의 불일치가 나타난다. 우리의 조세개혁의 핵심은, 이 조세개혁으로 인해 부유층이 일을 덜하거나 소득을 더 많이 숨기거나 혹은 해외로 유출해 결국

가난한 이들에게 불리한 결과로 돌아오는지를 아는 것이다. 만약 정말로 그렇다면 우리는 이 개혁을 효과가 없다고 간주할 것이며, 권하지도 않을 것이다. 부유한 이들에게 더 많은 세금을 물리는 것은 그 자체로는 어떠한 이득도 없으며, 그것이 가난한 이들의 삶을 진정으로 개선할 때만 정당화될 수 있기 때문이다. 우리가 계산한 바에 따르면, 이 경우에는 개혁에 대한 행동적 반응이 오히려 빈민층과 중산층에 긍정적 효과를 확대하는 경향이 있으며, 분명 그 반대는 아닐 것이다. 이러한 계산은 www.revolution-fiscale.fr 사이트에 상세하게 소개되어 있다. 위 사이트에서는 노동 수요공급의 유연성에 관한 여러 가치를 고려한 보충적 모의실험을 네티즌들에게 제안하고 있다. 여기서는 주요 결과만 소개하겠다.

먼저 행동적 반응 가운데 순수한 노동 공급에 따른 반응과 세금 은닉 및 해외 회피 관련 전략에 따른 반응을 구분해야 한다. 세금의 모든 경제적 효과는 잠재적으로 매우 중요하며 고려 대상이 되어야 하지만, 이 두 가지 반응은 서로 다른 성질의 것이다. 즉, 노동 공급은 실질적인 경제 효과에 해당하며, 이에 대해 공권력은 많은 것을 할 수 없다. 반면, 세금 은닉은 세무 통제 관련 시행 정책에 좌우된다. 그렇기 때문에 예외 조항과 조세 감면으로 심각하게 침식된 과세표준을 지닌 현재의 IRPP 같은 세금은 높은 세금 은닉 및 회피 가능성을 제공한다. 이러한 제도하에서 과세표준의 변화 없이 높은 한계세율을 더 올리는 것은 분명 더 많은 조세 회피로 이어질 것이다. 예를 들어, 고소득자들은 스톡옵션이나 시세차익, 혹은 원천과세나 높은 공제 혜택의 대상이 되는 이자 혹은 배당금 형태의 소득으로 금융회사로부터 지불받기를 선호할 것이다. 회피 가능성이 존재할 때 세율 변화는 강력한 행동적 반응으로 이어진다는 사실을 다수의 경험적 연구가 보여준 바 있다. 납세자들, 특히 세무 전문가의 도움을 종종 받는 부유한 납세자들은 세금을 최소화하기 위해 세금 중재와 세무법의 빈틈을 이용할 줄 안다.

반면 과세표준이 폭넓고 조세 회피 가능성이 낮으면, 오히려 고소득자들의 행동적 반응이 약하거나 거의 나타나지 않는다. 우리가 알기로, 어떤 연구도 세금이 오르면 부유층이 일을 그만둔다고 입증한 적이 없다. 고소득자들에게 예상되는 노동 공급의 유연성이라는 요소는 늘 전무하거나 약한 수준이다.[20]

조세에 대한 공공토론 및 정치적 논쟁은 종종 다른 형태의 유연성에 집중되는데, 즉 기업의 해외 이전, 고소득노동자의 이민, 조세피난처로의 국부 유출 같은 이주 위험을 말한다. 이러한 위험은 종종 과장된다. 법인세 수준에서 조세 경쟁을 해 기업이 해외로 이전할 위험은 실제로 존재하지만, 개인 소득세에만 관련된 우리의 개혁과는 별로 관련이 없다. 예를 들어, 프랑스 주주 소유의 어느 기업이 중국으로 이전한다면, 기업의 이윤이 배당금이나 시세차익 형태로 분배될 때 프랑스 주주들은 소득세에 여전히 종속된 상태에 놓이게 된다. 프로 축구선수 같은 특정 부류의 경우를 제외한다면 개인의 이주 위험은 훨씬 덜 심각해 보인다.[21]

그러므로 조세정책에 대한 교훈은 명백하다. 최대한 확장된 과세표준이 누진소득세의 성공에 필수불가결한 조건이라는 것이다. 이는 우리가 제안하는 개혁의 근간이며, 그렇기 때문에 우리의 개혁에 대한 행동적 반응이 대체로 긍정적으로 나타나는 것이다. 두 가지 종류의 반응을 기대해볼 수 있다. 세금이 오를 이들(주로 1퍼센트의 부유층 납세자)의 부정적인 반응과 세금이 내려갈 이들(인구의 97퍼센트. 주로 여성, 더 일반적으로는 가계의 부차적 소득원들. 이들에 대해 개혁은 상당한 한계세율 감소를 유도한다)의 긍정적인 반응이 그것이다.

고소득자들의 노동 공급에 대한 행동적 반응이 높게 나타난다는, 즉 반응이 부정적이라는 점을 이용하여, 우리는 상위 십분위 내의 행동적 반응으로 나온 세금 손실이 최대 약 30~40억 유로라고 추정한다. 반면 저소득노동자, 그리고 여성이 대부분인 가계의 부차적 소득원들은 노동에 관해 결정할 때 세금 수준에 민감해진다. 우리는 이 유연성에 관해 현재 갖춰져 있는 최선의 경험적 추산을 이용하여, 우리의 세금 개인화 개혁이 고용 수준을 저소득자의 경우 약 2퍼센트, 여성의 경우 4분의 3 증가시킬 수 있다고 평가한다. 이는 세수를 약 50억 유로 증가시킬 수 있다. 다시 말해 실질효과는 약 10~20억 유로로, 플러스로 나타난다. 마이너스 효과로 이어지는 여러 유연성에 관해 설득력 있는 가설을 찾기는 어려워 보인다.

제3장

전망

우리는 지금까지 분명 야심 찬 개혁을 소개했지만, 이는 방대한 프랑스 조세 및 이전소득 제도의 일부에만 국한된 것이었다. 우리가 제안한 소득세 개정은 조세제도의 다른 모든 부분에 대해서도 개혁의 전망을 자연스럽게 열어준다. 다른 세금들이란 프랑스 시민의 사회경제생활의 핵심적인 국면과 관련된 것이다. 즉, 아동을 대상으로 하는 원조금, 청년 자립, 빈곤층 보호, 사회보장제도 재원 충당, 세습재산 및 상속 말이다. 이는 정치 현안에서 뜨거운 논쟁의 대상이 되기도 한다. 우리의 예산 적자 문제를 어떻게 해결할 것인가? 유럽 차원의 조세 국제공조에 무엇을 기대할 수 있는가? 부유세를 폐지해야 하는가?

이 책은 분량이 짧기 때문에 이 주제들에 관해서는 간략하게 다루겠다. 그러나 우리의 목표는 언제나 이 문제들을 더 잘 이해하고 고찰할 수단을 시민들에게 제공하는 것이다. 그렇기 때문에 이 장에서 언급된 점 대부분은 www.revolution-fiscale.fr 사이트에서 계량화 및 토론의 대상이 되고 있다.

자녀 한 명의 비용: 새로운 가족계수를 위하여

우리는 앞 장에서 세금의 개인화와 배우자계수 폐지 문제를 논의했다. 가족과 관련된 부분은 우리의 소득세 개혁과 떼어놓을 수 없는 유일한 부분이다. 각 부모에 0.5의 인원을 적용하는 가족계수의 유지를 비롯해 자녀를 고려하는 여러 제도는 우리의 개혁과 일단 양립 가능하다. 그러나 가장 합리적인 것은 현재의 가족계수를 자녀를 고려하는 새로운 제도로 대체하는 것이다.

가족계수는 '프랑스식' 가족정책의 일종의 신성한 상징이라 할 수 있기 때문에 이를 건드리는 것은 엄청난 금기에 속한다. 한마디로 우리는 프랑스 가족정책이 전체적으로 대성공이라고 생각하기에, 가족에 대한 수당 및 이전소득을 전반적인 수준에서 건드리고자 하지는 않는다. 그렇지만 이 제도는 더 단순하고 이해하기 쉬울 뿐 아니라 공정해질 수 있으며, 마땅히 그래야 한다고 생각한다. 우리의 개혁 목표는 IR과 사회보장분담금을 통합함으로써 세금제도의 투명성과 누진성, 민주성을 강화하는 것인 만큼, 가족계수 분담 인원 1인 및 추가적인 0.5인 등으로 구성된 가족계수의 현재 운용 방식을 신성시하는 것은 유감이다. 현 제도에 완벽히 부응하고 심지어 이를 개선할 수 있는 다른 해결책이 있기 때문이다. 우리의 제안은 가족연대family solidarity라는 개념의 후퇴가 아니라 오히려 진보라고 보아야 한다. 오늘날 사회보장분담금이 운용되는 데는 가족 부양이 전혀 고려되지 않는다는 사실을 감안하여, 우리는 가족연대의 범위를 IR과 사회보장분담금을 통합한 소득세에까지 확장하기를 바란다.

우리의 야심을 이해시키기 위해 가족계수를 다시 언급하겠다. 단순히 말해 프랑스의 가족정책은 두 가지 커다란 축을 기반으로 하고 있다. 하나는 가족계수이며, 다른 하나는 가족수당기금CAF이 지급하는 표준수당이다. 이 수당의 기반은 가족수당으로 보편적이지만, 특정한 추가 수당(개학수당, 가족보조금 등)들은 재원의 상태에 따라 지급된다. 이러한 구조 가운데 가족계수는 두 가지 주요한 결함을 지니고 있다.

먼저 가족계수의 운용이 너무 복잡하다는 것이다. 결과적으로 가족계수의 실질적 효과는 납세자 대부분에게 수수께끼로 남아 있다. 가족계수 덕에 소득세를 줄였다고 말할 수 있다면 다행인 셈이다. 그리고 IRPP의 운용에 기댄 모든 이전소득처럼, 가족계수는 전년도 소득에 대해 계산된다. 그러므로 2011년 1월에 태어난 자녀를 둔 부모는 그 효과의 혜택을 입으려면 2012년 9월까지 기다려야 한다. 더 근본적으로, 가족계수 운용의 복잡함은 두 번째 커다란 결함을 가리는 역할을 한다. 즉, 가족계수의 상당한 역진성이다. 10퍼센트의 고소득층이 가족계수의 혜택을 너무 크게 입고 있는 것이다.

직업자유선택보조금CLCA을 제외하고 가족수당 전체를 합쳐서 얻은 자녀당 순수월이전소득과 가족계수의 효과는 하위 90퍼센트까지 포함하는 부모에 대해 약 175유로로 안정적인 수준이다. 그러나 나머지 10퍼센트의 고소득자에게 순수이전소득은 갑자기 올라가 매월 400유로에 이르는데, 이는 상한선의 메커니즘이 존재함에도 가족계수의 효과가 급상승하기 때문이다. 1981년 좌파에 의해 도입된 이 상한선은 가족계수의 불공정성을 일부 조정해주지만, 그 대가로 새로운 차원의 복잡함이 더해졌다. 사실상 이 상한선은 상당한 고소득에서부터 적용돼 결국 2퍼센트 미만의 납세자만 해당된다.

형평성으로 보나 효율성으로 보나, 가장 부유한 10퍼센트의 개인에게 자녀당 평균 1.5~2배를 주는 가족정책을 정당화할 그 어떤 근거도 존재하지 않는다. 효율성의 관점이라면, 기이할 정도의 우생학적 관점을 갖

3-1 자녀당 이전소득에 대한 현 제도의 불공정성

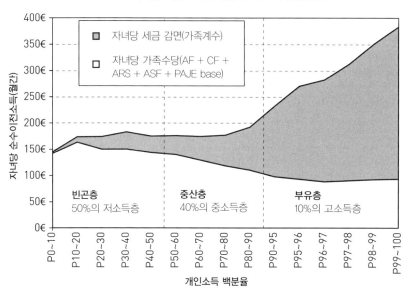

주: 이 그래프는 모든 아동가족수당(가족수당AF, 가족보조금CF, 개학수당ARS, 가족지원수당 ASF, 기초유아환영수당PAJE base)의 자녀당 월평균 금액과 부모의 개인소득 분배 분위수에 대한 가족계수로 인한 소득세 감소를 보여준다.

출처: www.revolution-fiscale.fr Le livre 메뉴의 Annexes aux chapitre 1, 2, 3 파일 참조.

지 않고서야 부유층이 나머지 인구보다 출산율을 높이길 바랄 이유가 없다. 한편 공공토론에서 종종 들리는 바로는 프랑스의 높은 출산율이 가족계수 덕분이라고 하는데, 이는 잘못된 생각이다. 현존하는 모든 연구[1]는 차치하고라도, 앞의 그래프(3-1)만 한번 봐도 그것이 사실이 아니라는 것을 충분히 확인할 수 있다. 가족계수는 10퍼센트의 개인에게만 상당한 이전소득을 가져다줄 뿐이다. 이 10퍼센트의 개인만으로 프랑스의 출산율이 올라갈 수 있을까? 누구나 하는 이야기지만, 프랑스의 높은 출산율을 설명할 수 있는 것은 가족수당 전체와 양육 및 교육 공급 공공정책이지 가족계수 덕분이라고만 할 수는 없다.

형평성의 관점에서 볼 때, 고르디우스의 매듭을 잘라내기는 당연히 어려우며, 이 '신성한 싸움'에 해결책을 제시하겠다고 우기는 것도 전혀 아니다. 그러나 가장 부유한 십분위에 이르기까지는 안정적이고 거의 균일한 현재의 수당 형태를 유지하는 것은 현 제도가 이 십분위 구간에 대해 지닌 강력한 역진성에 이로울 것임이 분명하다.

그러므로 가족 조세정책에 관한 우리 제안의 전반적인 원칙은 다음과 같이 요약될 수 있다. 수당의 운용을 명확히 하고 단순화하며, 이전소득을 전반적으로 동일한 수준으로 유지하되, 단지 마지막 십분위에 대해 가족계수가 미치는 영향의 모순을 조정하는 것이다. 실제로 이를 달성하기 위해서는 과세소득공제, 세액공제, 가족수당기금이 지급하는 표준수당 등 여러 기술적인 선택을 고려할 수 있다.

여기서 우리는 가장 간단한 개혁 시나리오를 소개하려 한다. 이는 가족계수, 가족수당, 가족보조금, 개학수당, 가족지원수당, 기초유아환영

수당을 한꺼번에 대체하는 세액공제를 이용하는 방식이다. 우리의 모의 실험에 따르면, 이 모든 조항을 자녀당 월 190유로의 세액공제로 대체함으로써 마지막 십분위에 대한 가족계수의 영향적 모순을 해결하는 동시에 현 제도의 모든 특징을 보존할 수 있다. 이는 첫 번째부터 아홉 번째 십분위에 있는 모든 부모에게 자녀당 연간 평균 180유로를 추가로 더 지급할 수 있게 해준다.

이 제도는 놀라울 정도로 단순하고 이해하기 쉽다는 장점을 지니며, 그 시행에는 다양한 수당과 보조금이 산적된 현 제도보다 더 적은 비용이 들 것이다. 또한 이 '자녀-세액공제'의 납입은 개인화될 것이다. 일반적으로는 결혼했거나 동거하는 커플의 경우, 부모 각자가 금액의 절반씩을 수취하게 된다. 이혼한 부모들은 공제액 전체를 받을 수 있다. 그러나 우리는 누가 보조금을 받을 것인지에 대한 선택(물론 부모 중 한쪽이 양육을 전담하거나 보조금 수급이 법적으로 둘 중 한 명에게 지정되었을 때를 제외하고)을 부모(같이 살거나 따로 사는)에게 맡길 것이다. 이러한 납입 제도는 전혀 새로운 것이 아니다. 이는 가족수당기금이 이혼한 부모들이 요청하는 경우에(자녀를 번갈아가며 양육할 때) 가족수당을 지급하는 현행 방식이다. 한마디로 우리의 제도는 현재 따로 사는 부부에게만 열려 있는 수당 수급 방식을 함께 사는 부부에게까지 확대하는 것에 불과하다.

다른 개혁 시나리오도 가능하다. 우리는 모든 논쟁의 끝을 맺고자 주장하는 것이 전혀 아니며, 오히려 그 반대다. 먼저 우리는 이전소득의 연령별·출생순위별 조정에 대해 www.revolution-fiscale.fr 사이트에서 몇 가지 대안적 방식을 제안하고 있다. 특히 다자녀가정을 더 돕기 위해

셋째 자녀 이후부터 훨씬 더 올라가는 세액공제 방식을 얼마든지 받아들일 준비가 되어 있다.

한편 대체 가능한 이전소득 범위에 관해 말하자면, 우리는 여기서 직업자유선택보조금을 제외한 가족수당의 대부분을 통합하는 더 야심 찬 버전을 제안한다. 그러나 현재의 가족계수만을 대체하는 최소화된 버전 역시 좋은 진행 방식이 될 수 있다. 반면, 우리의 표준 '자녀-세액공제' 내에 직업자유선택보조금을 통합하는 더 야심 찬 시나리오 역시 고려할 수 있다.

직업자유선택보조금은 이전 모델인 육아휴직수당APE처럼 근무를 하지 않을 때만 받을 수 있는 조건부 원조금이다. 직업활동을 그만두거나 전일제에서 시간제 근무로 옮겨가는 경우에만 조건이 충족된다. 부모가 자녀와 함께 시간을 보내게 해주는 것은 물론 좋은 일이지만, 수당 수급 조건을 직업활동 감소 혹은 중단으로 한정짓는 것은 안타깝게도 역효과를 가져온다. 먼저 커플 사이의 남녀 가사 분담 평등이라는 관점에서 그렇다. 이론적으로 직업자유선택보조금은 남성에게도 열려 있는 제도지만 대부분은 여성이 사용하며, 이는 여성 고용률에 파괴적인 결과를 가져온다.

1994년에 시행한 육아휴직수당 개혁의 효과에 관해 우리가 산출한 바에 따르면, 예컨대 1994년의 개혁이 아니었더라면, 1997년 12월 31일 둘째를 출산한 육아휴직수당 수급자 30만 명(그중 22만 명은 완전비율 수급자) 중 10~15만 명의 여성이 둘째 자녀가 태어났을 때 일을 그만두지 않았을 것이다.[2] 그런데 일을 중단하는 것은 많은 경우 여성의 직무 경력에 흠집을 낸다. 이는 미래의 더 높은 임금을 포기하는 셈이며, 여성 실업 가능성을 높이는 구실이 된다.

이 모든 이유로, 우리는 육아휴직이나 직업자유선택보조금 같은 제도의 진정한 개정을 고찰하는 것이 유용하다고 생각한다. 이에 관한 우리의 방침은 유연하며, 다음의 두 가지 커다란 원칙으로 요약된다. 하나는 남녀평등을 권장하는 것이며, 다른 하나는 부모에게 더 많은 선택의 자유를 보장하여 가정생활과 직업생활 간의 양립을 용이하게 하는 것이다. 그러므로 적어도 육아휴직의 최소한을 아버지들이 사용하도록 강요하는 스웨덴식 해법이 바람직해 보인다.[3] 그러나 우리는 '자녀-세액공제'라는 커다란 틀 안에 직업자유선택보조금을 완전히 통합하는 것을 선호한다. 모의실험에 따르면, 이 해법은 자녀당 매월 200유로의 표준세액공제를 제공한다.

청년: 자립 가능한 소득을 향해

이제 청년 문제가 남아 있다. 이 책의 목표를 한참 넘어서는 방대한 질문이지만, 핵심적인 질문이다. 그렇기 때문에 우리는 적어도 이 부분에 관해 중요해 보이는 고찰의 몇 가지 실마리를 짚어보고자 한다. 오늘날 18~25세의 청년들은 프랑스 조세 및 이전소득 제도의 회색지대에 있다. 이는 프랑스 조세제도가 '학업 기간의 연장' '동거 기간 및 부모에 대한 재정적 의존 기간의 연장' '자립과 독립에 대한 젊은이들의 열망 증가'라는 세 가지 핵심적인 변화에 효과적으로 대응하지 못했기 때문이다.

실제로 현 제도는 원조의 논리와 (소극적인) 자립의 논리를 모호한 방식으로 섞고 있다. 원조의 논리란, 부모에게 직접 지급되는 다양한 이전소득에 대한 권리를 젊은이들이 계속 갖고 있다는 것이다. 스무 살까지 가족수당을 받거나, 스물한 살까지 가족계수에 포함되어 주택보조금을 받으며, 심지어 학업을 계속하는 경우에는 스물다섯 살까지 가족계수에 포함되기도 한다. 소극적 자립의 논리란, 젊은이들이 어쨌든 그들에게 직접 지급되는 두 종류의 이전소득을 갖고 있다는 것이다. 장학금과, 지난 3년 중 2년 이상을 일했다면 받을 수 있는, 2010년 9월 1일 이후 도입된 청년 고용연대소득이 그것이다.

우리의 직관은 패러다임을 바꿔야 한다고 일러준다. 즉, 청년 자립을 온전히 장려할 수 있는 조세 및 이전소득 제도 안에 젊은이들을 명확하고도 완전하게 통합하는 것이다. 이 문제는 단순하지 않다. 우리는 이 방향으로의 온건한 첫걸음을 제안하지만, 그렇다고 해서 논쟁 가능성을 닫아버리고자 하지는 않는다. 그런 의미에서 18~25세의 청년들이 부모를 통해서 받든, 본인들이 직접 받든, 현재 받는 모든 이전소득을 대체할 수 있는 '청년 소득revenu jeune'의 고안을 제안한다. 이 청년 소득은 비율이 줄어든 고용연대소득이자, 현 제도처럼 일정한 근무 조건을 충족하는 18~25세의 젊은이에게는 완전비율이 유지되는 고용연대소득에 상당하는 것이다. 우리는 www.revolution-fiscale.fr 사이트에서 청년 소득의 가능한 두 가지 버전을 수치화할 것이다. 첫 번째 버전은 저소득층 부모를 둔 청년들에게만 열려 있으며, 고소득층 부모를 둔 청년들에게는 해당되지 않는다. 이러한 버전은 사실상 청년 소득을 역시 부모의 자산에 따라 조정되는 현재의 장학금 제도로 대체하는 결과로 이어지게 된다. 두 번째 버전은 훨씬 야심 차다. 부모의 소득에 상관없이 모든 젊은이에게 청년 소득을 주는 것이다. 이 청년 소득은 모든 현행 이전소득을 폐지해 재원을 충당하므로 결국 고소득층 부모의 세금을 올림으로써 가능해진다. 우리는 18세 이상의 모든 젊은이에게 자립의 문을 완전히 열어주는 이 두 번째 버전을 더 선호한다. 그러나 많은 부모가 자산 통제권을 그대로 유지하고 싶어한다면 아마도 첫 번째 버전을 선호할 것이다.

마무리하기에 앞서 우리는 비판에 닫혀 있지 않다는 것을 말하고 싶다. 많은 독자가 청년 소득의 고안은 취업 혹은 학업 지속에 대한 젊은 이들의 사기를 저하시킬 위험이 있다고 지적할 것이다. 현 제도에서 사기 진작은 두 가지 차원으로 이루어진다. 자녀에게 지급되는 이전소득의 통제권을 가진 부모를 통해, 그리고 학업 지속을 위한 장학금의 조절을 통해. 이것의 반대급부는, 이 제도가 학업을 중단한 뒤 노동시장에서 극심한 어려움을 겪고 있는 젊은이들을 거의 보호해주지 않는다는 것이다. 심지어 15세에서 24세 청년 실업률은 거의 24퍼센트에 달한다. 청년들의 노동 공급 혹은 학업 지속에서 이전소득의 효과는 잘 알려져 있지 않지만, 다른 나라를 대상으로 한 연구들에 따르면 그 효과는 상대적으로 미미하다고 한다. 그러므로 청년 소득이 사기 진작에 미칠 수 있는 부정적 효과는 재분배라는 긍정적 효과를 감안하여 조정해야 한다.

사회적 이전소득: 제도를 개선하고 단순화하기

자산조사 기반 이전소득은 경제적·사회적 연대성에서 필수불가결한 도구다. 프랑스는 이 일련의 장치를 점진적으로 발전시켜왔다. 1956년 도입된 노년수당, 1988년의 최저소득제RMI, 그리고 마침내 기존의 최저소득제를 대체하고 저소득층까지 수혜 대상을 확대한 2009년의 고용연대소득에 이르게 되었다. 이 일련의 장치는 주택보조금으로 보충된다. 이러한 이전소득은 '제공된 보장의 수준' '고용 복귀 장려 효과' '시행의 단순성'이라는 세 가지 핵심적인 측면으로 평가될 수 있다.

인정해야 할 부분이 있다. 사회취약계층에 대한 원조금을 올리고 싶더라도, 적어도 최저임금을 받는 노동자, 특히 시간제로 일하는 노동자의 소득과 비교할 때 이 이전소득의 금액은 상대적으로 상당하다는 것이다. 또한 일련의 개혁을 통해, 자산조사 기반 이전소득 제도는 고용 복귀 장려책을 점진적으로 개선시켰다. 1990년대에는 상여금제도가 도입되었고, 2000년대에는 노동소득세액공제가 정기적으로 개선되었으며, 2009년에는 고용연대소득이 제정되었다. 노동소득세액공제가 전일제 고용에 역점을 두었던 반면, 고용연대소득은 시간제 고용을 장려해 고용장려책의 균형을 되찾았다. 예를 들어, 고용연대소득을 받으며 최저임금 SMIC의 시간제 일자리를 찾은 사람은 추가근무소득 1유로당 38상팀(1상팀은 0.01프랑이다―옮긴이)밖에 잃지 않는다. 반면, 예전에는 상여금이 끊기는 순간부터 1유로당 100상팀의 손해를 보았다. 그러나 최저임금의 전일제 일자리를 찾은 수령자에게는 내재적 세율이 70퍼센트에 가까울 정도로 높게 유지된다. 그렇더라도 이 모든 장치는 전체적으로 사회적 미니멈 수급자들의 고용 진작 효과를 개선시켰으며, 이는 긍정적인 결과라고 할 수 있다.[4]

진정한 문제는, 이 같은 여러 장치 사이에 일관성이 없으며, 행정적 단순화에 관한 실질적 문제에 별 관심을 기울이지 않는다는 것이다. 조세제도와 마찬가지로 이전소득 제도는 일반인이나 행정기관 모두에게 매우 복잡하고 이해하기 어려우며, 시행에 많은 비용이 드는 조항들이 산적된 것에 불과하다. 그렇기 때문에 오늘날 고용연대소득에 선정될 수 있는 사회취약계층의 수많은 사람이(특히 불규칙적 노동자 중 일부가) 고용연대소득을 받지 못하는데, 이는 그들이 자신의 권리를 잘 모를 뿐 아니라 상대적으로 부담스러운 선정 및 조사 과정에 반감을 느끼기 때문이기도 하다.

이러한 관점에서, 고용연대소득은 안타깝지만 잘못된 한 수였음을 깨달아야 한다. 기존의 장치를 단순화하고 합리화하는 대신, 새로운 층위의 복잡함이 더해졌던 것이다. 프랑스에 소득세가 하나가 아니라 둘이 존재하는 것처럼, 저임금노동자의 소득을 올려주기 위한 장치도 두 개 존재한다. 하나는 시간제 근로에 대한 고용연대소득이며, 다른 하나는 전일제 근로에 대한 노동소득세액공제다. 하나는 3개월 단위로 가족수당기금에 의해 관리되며, 다른 하나는 1년 단위로 세무행정에 의해 관리된다. 이 두 장치를 오가는 사람들에게는 그보다 더 나쁠 수 없는 것이다.

앞 장에 소개한 직접소득세의 완전한 개정은 이전소득 제도의 단순화를 향한 중요한 첫 단계를 극복하게 해줄 것이다. 노동소득세액공제를 폐지하고 직접임금을 올리며 사회보장분담금과 IRPP를 하나의 원천징수 형태 세금으로 통합한다면, 현재의 복잡함 중 상당 부분이 사라질 것이다.

우리가 생각하는 다음 단계는 세무행정 간의 정보교환 방식 개선을 통해 고용연대소득의 운용을 개선하는 것이다. 이 새로운 제도에서 자산신고와 세금 납입은 더 빨라지고 효과적이며 즉각적이 될 것이다. 원칙적으로는 노동자의 임금에 관한 모든 정보를 포함한 사회보장기여금 요점명세서를 고용주에게서 세무행정이 매월 자동적으로 받지만,[5] 오늘날 고용연대소득 수령자들은 분기마다 철저한 자산신고를 해야 한다. 따라서 수령자들의(특히 일하는 수령자들의) 수고를 줄이기 위해서는, 그리고 당기소득에 따라 월수당 금액을 자동적으로 조정하기 위해서는 세무행정이 고용주들의 월간자산신고를 이용하고, 이 월간자산신고를 다른 지급 주체에게 확대하여 월소득에 따라 조정된 수당 금액을 매달 지급할 수 있어야 한다. 이러한 시스템은 수당을 자동적으로 지급하고, 고용연대소득의 분담에 관한 현재의 문제를 해결해줄 것이다.

정리하자면, 이 제도는 우리가 제안하는 원천징수 소득세에 대응하는 한 쌍으로 간주될 수 있다. 행정적인 효과를 위해서는, 세금처럼 이전소득 역시 국가, 고용주, 기타 지급 주체 간의 기관 정보망을 이용하여 소득 흐름을 자동적으로 엄밀히 좇아야 하며, 개인의 직접 소득신고를 가능한 한 제한해야 한다. 역사적으로, 기업을 통한 원천징수는 현대 국가가 상당한 세금을 거두어들이고 대규모 사회보장 프로그램에 출자하는 것을 가능하게 했다.[6] 이제는 이전소득 제도에도 동일한 현대적 구조를 도입해야 할 때다. 뿐만 아니라, 예산 자극 효과를 가장 빠르게 확산시킬 현대적이자 즉각적인 이전소득 제도는 위기의 시기에 가장 효과적인 무기이기도 하다.

고찰할 만한 점이 또 하나 있다. 오늘날 사회적 이전소득은 함께 살며 자산을 공유하는 모든 사람을 포함하는 가계의 자산에 좌우되므로, 실질적으로 수당 수령자들은 가계의 구성을 신고해야 한다. 세무행정이 각 가계의 구성을 확인하기는 어려우며, 특히 점점 더 많은 사람이 동거나 하우스메이트 형식으로 공식적·법적 가족관계 없이 함께 살고 있기 때문에 더욱 어렵다. 이 문제의 근원적인 해법은 우리가 제안한 소득세의 완전한 개인화 모델에 의거해 이전소득을 완전히 개인화하는 것이다. 그렇다고 해서, 예컨대 본인은 일하지 않지만 배우자의 소득이 높은 경우처럼, 소득이 높은 가계에 속해 있지만 본인의 소득이 없는 사람에게 이전소득을 지급하는 것이 정당한 일일까? 가계 내부의 여러 구성원 사이에서 발생하는 이전소득의 '블랙박스' 속으로 들어가보지 않고서는 이 문제에 대답하기 어렵다. 이전소득을 파헤치는 것이야말로 우리가 기존의 소득 과세 차원에서 시행하길 거부해왔던 시도라고 할 수 있다.

경제적·행정적으로 가장 만족스러운 해법, 그리고 사회적으로도 개인 영역을 가장 덜 침범하는 해법은 이전소득 결정에 고려되는 자산에 귀속임대료를 포함하는 것이다. 왜냐하면 고소득 가계에 속해 있지만 본인의 자산이 없는 사람은 임대료를 내지 않으므로, 암묵적으로 자신의 배우자로부터(혹은 본인이 소유주라면 자신의 세습재산으로부터) 본인 몫의 임대료 원조를 받는 셈이기 때문이다. 이 귀속임대료를 자산의 조건에 포함하는 것은 상당한 행정적 고충을 요하겠지만, 불가능한 일은 아니다. 추후 세습재산에 관한 논의에서 이를 함께 살펴보겠다. 이처럼 완전히 개인화된 이전소득 제도에 관한 사전 모의실험을 www.revolution-fiscale.fr 사이트에서 이용할 수 있다.

우리가 제안하고 싶은 이 새로운 제도에서 주택보조금은 모든 세입자에 대한 표준수당으로 대체될 것인데, 이 표준수당은 지불하는 임대료와는 무관하며, 오로지 거주지역(주택보조금의 세율표는 현재 '파리 지역' '대도시' '나머지 지역'이라는 세 구역으로 구분된다)에만 좌우된다. 주택보조금은 단순히 지역적 생활비 차이를 보상해주는 고용연대소득의 보완책이 될 것이다. 수령자들은 저렴한 집으로 이사해도, 그리고 그렇게 절약한 돈을 다른 곳에 쓰더라도 손해 보지 않는 것이다. 현 제도에서는 임대료가 내려가면 수당이 줄어들 위험에 처하는데, 이는 임대료 폭등을 막기에는 매우 기이한 방법으로 보인다. 오히려 모든 정황을 보면 주택보조금으로 인해 임대료가 더 급등했다는 결과로 이어진다.[7] 우리가 제안하는 제도에서는 수령자들이 단 1상팀조차 잃지 않지만, 이들은 자신의 수당을 부동산 소유주들의 재산을 불리는 것 외에 다른 방식으로 이용할 수 있다. 이는 놀라워 보일 수 있겠지만, 실제로는 현재 시스템에 매우 근접하다. 오늘날 지급되는 주택보조금의 대부분은 상한선의 복잡한 메커니즘 덕분에 사실상 임대료와 무관하기 때문이다. 우리의 사전 모의실험에 따르면, 이 개혁에 연관된 추가 비용은 140억 유로의 주택보조금 총액 가운데 약 20억 유로에 불과하다. 이것이 유발할 임대료 저하 효과는 20억 유로보다 훨씬 더 클 것이다.

사회보장기여금을 개혁하라

———

사회보장제도는 우리의 과세 구조에서 가장 큰 부분을 차지한다. 사회보장제도의 재원 충당은 복합적인 역사의 산물이기에, 다양한 사회보장제도 재원을 충당하는 데 사용되는 오늘날의 사회보장기여금과 세금들 사이에서 갈피를 잡기가 어렵다. 그렇지만 이 기나긴 역사에서 하나의 커다란 경향이 생겨났다. 바로 보편적인 비기여적 측면과 기여적 측면을 점차 구분하게 된 것이다. 우리가 제2장에서 설명했던 것처럼, 사회보장제도가 만들어졌을 당시 모든 위험(질병, 노후, 가족 등)은 활동소득에 기반을 둔 사회보장기여금에 의해 재정이 충당되었다. 사회보장제도의 영역이 확장됨에 따라 질병과 가족 관련 위험은 더 명백하게 보편적이 되었으며, 순수 납입자의 범위를 넘어서서 각자의 기여금과는 상관없는 수당 수령 권리를 모두에게 보장해주었다. 그러므로 이 위험에 대한 재원 충당 기반을 확장하는 것은 위급한 동시에 필연적인 일이 되었으며, 바로 그 때문에 사회보장분담금이 탄생했던 것이다. 그러나 이제 겨우 절반의 길을 간 셈이며, 오늘날 우리는 강의 중간 지점에 위치한 상태다. 사회보장제도의 계정을 졸라매기 위한 특별 재정책과 미봉책, 사회적 세금 면제책이 20년 전부터 넘쳐났으며, 이는 전체 제도를 이해하기 어렵게 만들어 사회보장제도를 개혁하려는 모든 시도에 부담을 지우는 결과로 나타났다. 그러므로 우리는 사회보장제도의 재원 충당을 명확히 하기 위한 개혁의 실마리를 제공하는 것 역시 중요하다고 생각한다.

앞서 말한 바와 같이, 당장 해결해야 하는 주요한 모순은 사회보장분담금의 급성장으로 절대 해소되지 않았던 질병(명목임금의 13.1퍼센트) 및 가족(명목임금의 5.4퍼센트) 위험을 위한 사회보장기여금의 잔재다. 임금노동자들의 경우, '고용주' 기여금인 이 기여금들은 활동소득에만 기반을 두고 있다. 비임금노동자에게는 기여금들의 과세표준에 상한선이 있어 역진성의 큰 원인이 되고 있다. 질병 및 가족 수당은 근본적으로 보편적이며, 비기여적이다. 원칙적으로 볼 때, 이 수당들의 금액은 납입된 기여금 금액에 의존할 필요가 없는 것이다. 그러므로 교육과 마찬가지로 이 수당들의 재원이 세금으로 충당되며, 활동소득만이 아니라 모든 소득이 이에 기여하는 것은 당연한 일이다. 이러한 현상에 종지부를 찍기 위한 가장 명확한 선택은 이 기여금을 완전히 폐지하고, 이를 우리의 확장된 소득세 제도에 통합하는 것이다. 이는 분명 우리가 선호하는 선택지이지만, 당장에는 명백한 문제를 제기한다. 즉, 법령을 통해 명목임금을 인상하기는 불가능하다는 것이다. 만약 18.5퍼센트포인트에 달하는 고용주 기여금을 폐지한다면(여기에, 임금에 기반을 두며 직업교육, 건설, 교통 등의 재원을 충당하는 4~5퍼센트포인트의 다양한 기여금과 세금을 더해야 한다) 임금은 분명 오르겠지만, 이것이 어느 정도의 속도로 이루어질지, 고용주가 기여금 인하분을 임금에 100퍼센트 반영할 것인지는 알 수 없다. 그러므로 기여금의 소득세 통합은 점진적으로 이루어져야만 할 것이다.

그렇기에 우리는 단기적인 또 다른 해법을 제안한다. 바로 일반고용주기여금CPG 제도를 만드는 것이다. 활동소득과 자본소득 모두에 기초를 둔 일반고용주기여금을 도입함으로써 질병-가족 기여금의 과세표준을 확장하고, 동시에 비임금노동자에 대한 과세표준의 상한선을 철폐해 활동소득에 대한 기여금 비율을 낮추는 것이다. 또한 일반고용주기여금의 도입은 불필요한 사회적 세금 면제책의 일부 폐지를 동반해야 하며, 무엇보다도 추가근무에 대한 사회보장기여금 면세를 철폐해야 한다. 이 하나만으로도 30~40억 유로에 달하는 세수가 확보될 것이다.

우리는 저임금소득자에 대한 사회보장기여금 면세('피용Fillon' 면세)만은 보존되어야 한다고 생각한다. 왜냐하면 이 면세제도는 저임금소득자들을 보조함으로써 미숙련노동의 비용을 현저히 절감해주기 때문이다. 물론 이 제도가 고용에 미치는 순영향의 범위는 논쟁의 대상이 될 수 있다.[8] 이 면세제도로 인해 최저임금의 1~1.6배에 해당하는 저임금소득에서 발생할 내재적 한계세율이 막대하여, 저임금소득자에게 일종의 함정이 될 수 있다는 사실은 차치하고서라도 말이다. 이를 하루아침에 철폐해버리는 것은 자살 행위나 다름없다. 이 제도의 철폐가 미숙련노동자 고용에 미치는 영향은 적어도 단기적으로 볼 때 부정적일 수밖에 없을 테니 말이다. 우리가 보기에 진정한 쟁점은 이 면세제도를 철폐할지 말지가 아니다.(우리가 보기에는 어떠한 행정부도 그러지 않을 것이다.) 오히려 그 악영향을 경감할 수 있는 방식으로 이 제도를 사회보장기여금의 더 폭넓은 세율표 및 개정안에 통합하는 것이다. 이것이 바로 우리의 개혁이 가능케 하는 바다. 즉, 사회보장기여금의 표준세율을 낮춰서 이 '피용' 면세제도로 인해 생겨나는 내재적 한계세율을 낮추고, 저임금노동자에게 발생하는 이 함정 같은 문제를 더 넓은 차원에서 해결하는 것이다.

마지막으로, 임금에 대한 모든 추가적인 기여금(교통, 주택, 교육 등) 역시 이 새로운 일반고용주기여금에 통합하기를 제안한다. 이 기여금들은 과세 구조의 상당 부분을 복잡하게 하고 있다. 물론 해당 세수의 각 부분은 계속 각자 다른 기금에 할당될 것이다. 그저 납세자의 생활을 단순화하기 위해 과세 방식을 통일하는 것뿐이다.

이제는 이 새로운 일반고용주기여금의 과세표준을 구체적으로 선택하는 일만 남아 있다. 가장 자연스러운 선택은 법인세의 과세표준을 이용하여 임금 혹은 비임금 소득에 대한 현재의 과세표준을 확장하는 일이 될 것이다. 그러나 세무 경쟁의 차원에서 볼 때, 법인세 세율을 올리는 것은 최선의 방법이 아니다. 그래서 우리는 가계 자본소득에 소유주의 귀속임대료를 포함해 이를 과세표준으로 택하길(사실상 점진적으로 인상될, 자본소득에 대한 현행 사회보장기여금처럼) 제안한다. 앞서 논의했던 것처럼, 자본소득 과세표준에 귀속임대료를 통합하는 것은 논리적일 뿐 아니라 일상적인 적용 방식이다. 모든 세무적 혁신이 그러하듯이 일반고용주기여금은 일의 경중을 구분하지 못하는 사람들을 불안하게 할 수 있다. 때문에 일반고용주기여금으로의 변화는 이전의 사회보장분담금에 걸렸던 것만큼 오랜 시간이 걸릴 가능성이 높다. 그러나 우리가 보기에 당분간 이는 조세제도의 기반을 노동소득과 자본소득 위에 균형 잡힌 방식으로 둘 수 있는 유일한 해결책이다.

지금으로서는 사회보장기여금의 과세표준을 확장해 이 기여금들을 우리의 새로운 소득세 안에, 귀속임대료를 포함하는 폭넓은 과세표준에

3-2 다양한 사회보장기여금의 현 상태

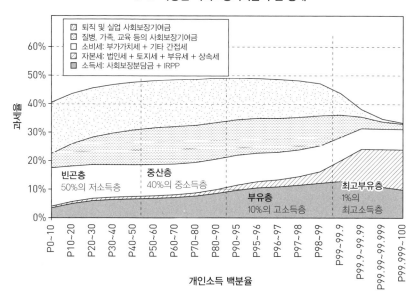

범례:
- 퇴직 및 실업 사회보장기여금
- 질병, 가족, 교육 등의 사회보장기여금
- 소비세: 부가가치세 + 기타 간접세
- 자본세: 법인세 + 토지세 + 부유세 + 상속세
- 소득세: 사회보장분담금 + IRPP

세로축: 과세율 (0%, 10%, 20%, 30%, 40%, 50%, 60%)

가로축: 개인소득 백분율 (P0~10, P10~20, P20~30, P30~40, P40~50, P50~60, P60~70, P70~80, P80~90, P90~95, P95~96, P96~97, P97~98, P98~99, P99~99.9, P99.9~99.99, P99.99~99.999, P99.999~100)

빈곤층 50%의 저소득층 / 중산층 40%의 중소득층 / 부유층 10%의 고소득층 / 최고부유층 1%의 최고소득층

해석: 이 그래프는 풀타임의 80퍼센트 이상을 근무하는 18~65세의 인구를 대상으로 하여 전 과세를 포함하는 전반적 과세율을 소득집단별로 구분해 보여준다. 이 그래프에서 사회보장기여금은 퇴직·실업 기여금(순수한 세금이 아니며, 기여금에 비례하는 수당의 권리를 보장하기 때문에 기여적 분담금이라 불린다)과 기타 사회보장기여금(순수한 세금이기 때문에 비기여적 분담금이라 불린다)으로 구성된다.

출처: www.revolution-fiscale.fr Le livre 메뉴의 Annexes aux chapitre 1, 2, 3 파일 참조.

통합해야 한다고 생각한다. 구체적으로 살펴보면, 고용주들은 공식적으로 이 질병-가족 기여금을 계속 지불하지만, 이 기여금들은 이후 임금노동자들에게 일종의 세액공제 형태로 재지급될 것이며, 소득세 과세표준에 포함될 것이다. 또한 대체될 사회보장기여금의 총량을 통합할 수 있도록 소득세율이 확실하게 조정될 것이다. 이 같은 해법은 사회보장기여금을 새로운 소득세 차원으로 완전히 통합한다는 장점을 지니고 있다. 또한 결과적으로, 질병—가족 기여금의 과세표준을 자본소득뿐 아니라 대체소득에까지 확장하는 것은 보편적 수당의 논리로 볼 때 당연해 보인다. 이는 우리가 제안하는 개혁의 논리적 귀결이라고 할 수 있다. 더 폭넓고 공정한 소득의 개념 위에 과세를 확립하는 것이 이 개혁의 모토이기 때문이다.

마지막으로 우리는 사회적 부가가치세에 전적으로 반대한다는 사실을 덧붙이는 것이 좋겠다. 이 사회적 부가가치세는 잊을 만하면 되돌아오는, 사회보장제도의 재원을 충당하는 해법으로 여겨지는 주제다. 부가가치세는 빛 좋은 개살구의 전형이라고 할 수 있다. 수입의 경우 부가가치세가 부과되는데 수출의 경우는 도착 국가의 원칙에 따라 부가가치세가 부과되지 않으니, 부가가치세는 우리의 세금을 해외에 전가할 수 있는 방법이라는 것이다. 그러나 이는 한낱 탁상공론에 불과하다. 부가가치세의 과세표준은 소비이지만, 다른 모든 세금처럼 부가가치세는 결국 이를 이루는 요소들, 즉 모든 부의 원천인 자본 혹은 노동에 부담을 지우기 때문이다. 그런데 우리가 제1장에서 봤던 것처럼, 부가가치세는 소비에 관련된 모든 세금과 같이 이론의 여지 없이 역진적이다.

게다가 프랑스인은 그리 쉽게 속지 않는다. 구매력을 끌어올릴 수 있는 최선의 방법이 무엇이냐고 물으면, 늘 부가가치세 인하를 첫 번째로 꼽는다. 그러므로 우리가 제안하는 사회보장기여금의 과세표준을 확장하는 방식은, 그것이 일반고용주기여금이건 소득세 안에 단순하고도 완전하게 통합하는 방식이건 간에(두 방식 모두 점진적인 과세표준의 확장에 기반을 둔다) 매우 역진적인 사회적 부가가치세보다 근본적으로 훨씬 편리하며 공정하다.

세습재산의 조세: 부유세, 미래의 세금

부유세는 1981년 좌파에 의해 고액재산세라는 이름으로 만들어진 이후 첨예한 논쟁의 대상이 되고 있다. 이는 우파와 좌파 간의 강력한 이데올로기적 충돌에 일상적 촉매제 역할을 하고 있으며, 대체로는 아무 소득 없는 논쟁의 원인이 되기도 한다. 1986년 우파에 의해 폐지된 고액재산세는 1989년 좌파에 의해 부유세라는 이름으로 재건되었다. 부유세의 효과에는 상한선이 적용되었으며, 이후 이 상한선에 또다시 상한선을 적용했다. 최근 부유세는 세금상한제의 도입으로 심각하게 감축되었다. 이제는 부유세를 그저 자본소득에 대한 세금 인상으로 단순히 대체해야 한다고 말하고 있다. 이를 어떻게 생각해야 할까?

우리가 보기에 소득의 총 50퍼센트까지만 과세하도록 제한하는 세금상한제에는 경제적 정당성이 없다. 더 나쁜 것은, 다음과 같은 단순한 두 가지 이유로 그 기본 원칙조차 부조리하다는 것이다. 먼저 세금상한제는 전체 세수의 미약한 부분만을 차지하는 소득세(IRPP와 사회보장분담금)와 토지세, 부유세만 포함한다. 우리가 제1장에서 함께 보았듯, 전반적인 평균 소득세율은 49퍼센트에 달한다. 그러므로 인구 대부분이 자기 소득의 적어도 50퍼센트를 세금으로 내는 것은, 조세제도의 완벽한 비례세율을 바라지 않는 한 피할 수 없는 일이다. 세금상한제의 첫 번째 부조리함은, 소득의 50퍼센트를 실제 세금으로 내는 프랑스인들, 즉 중산층은 세금상한제의 덕을 입는 사람들보다 훨씬 다수이며 훨씬 덜 부유하다는 것이다. 두 번째 부조리함은, 세금상한제에는 과세소득이 고려되는데, 이는 완전히 조잡한 개념이며, 앞서 살펴봤듯이 고소득자의 경우 언제나 실질소득에 훨씬 못 미친다는 점이다. 실제로 세금상한제의 혜택을 받는 납세자들은 대부분 0.1퍼센트의 가장 부유한 납세자에 속하는데, 이 집단의 실효세율은 이미 50퍼센트에 못 미친다.

그러므로 세금상한제의 운명은 명약관화하다. 세금상한제를 지금 당장 폐지해야 한다. 그러면 부유세에 대해서는 어떻게 생각하는가? 앞서 함께 봤던 것처럼 우리의 소득세 개혁은 고소득자에 대한 자본소득 과세율을 현저하게 올려 자본소득과 노동소득 간의 과세에 형평성을 확립하는 것이 골자다. 그러니 부유세처럼 재산에 대한 누진세를 그대로 두어야 할까? 우리는 여러 이유에서 그래야 한다고 생각한다. 먼저, 오늘날처럼 세습재산이 최고의 호조를 띠며 노동소득이 부진한 상황에서 이러한 세금을 폐지하는 것은 경제적으로 비상식적인 일이다. 조세정책의 최우선은 노동소득에 부담을 지우는 과세를 경감하고 세습재산의 과세를 줄이지 않는 것이 되어야 한다.

다음으로 우리가 제1장에서 봤던 것처럼, 조세제도의 내적·외적 원인에 의해 자본의 수익은 시기마다, 소유주마다 매우 상이하다. 이는 소득세가 절대로 부유세의 완벽한 대체물이 될 수 없는 근본적인 원인이다. 예컨대 매우 부유한 사람도 자본수익률이 낮은 경우 세습재산 소득이 적을 수 있는데, 이 사람의 세습재산이 수익이 낮은 자산(예를 들어, 수동적 부동산 투자)으로 묶여 있기 때문이다. 그러나 대규모의 세습재산 또한 약간의 과세 가능 자본소득만을 생산하게끔 구조화하는 것이 유리할 수 있다. 이를 보여주는 충격적인 예는 프랑스에서 가장 부유한 인물인 릴리안 베탕쿠르라고 할 수 있다. 로레알의 상속녀 베탕쿠르는 로레알의 자기 소유 주식 배당금을 직접 납입하지 않고, 오히려 클리멘Clymène이라는 패각회사shell corporation(사업활동을 하지 않는 명목상의 회사—옮긴이)의 과세 불가능한 미현실이익 형태로 축적하여 자신의 세금을 상당히 줄이고 있다.[9] 베탕쿠르의 진짜 재산에 비해 그녀의 과세소득은 매우 약소한 수준이며, 이는 자본소득이 본질적으로 조정 가능한 개념이라는 것을 잘 보여준다.

여하튼 소득세 외에도 직접적으로는 부유세를 통해, 기여 능력의 분명한 지표가 될 수 있는 재산에 도달하는 것이 바람직하다. 비효율적인 투자로 명맥을 유지하는 재산에 대한 과세는 자본 수당을 개선하고, 더 생산적이며 성장이 빠른 기업에 대한 투자를 활성화하는 간접적인 방법이다. 또한 자본소득을 은닉한 재산에 과세하는 것은 조세 회피에 맞서 싸우고 노동소득과 자본소득 간의 과세 형평성을 확립하는 방법이다.

전체 소득에 대해 누진세를 제안했던 것과 마찬가지로, 우리는 부유세처럼 세습재산 전체에 대한 누진세가 세습재산에 대한 가장 합리적이고 공정한 세금이라고 생각한다. 그런데 프랑스에서 부유세의 세수는 매년 40억 유로 정도로, 부동산에 대한 오래된 역사적 세금인 토지세 세수의 4분의 1에 불과하다. 그러나 토지세는 만병통치약과는 거리가 멀다. 이 세금은 현재의 시장 가치를 거의 반영하지 못하는 1970년의 토지 대장상의 가치에 기반을 두고 있다. 뿐만 아니라, 토지세는 부채를 고려하지 않기 때문에 주택 소유주뿐 아니라 주택 대출자에게도 동일한 부담을 준다. 이는 부당한 일인데, 주택 대출 이자를 갚는 데 예산의 상당 부분을 할애해야 하는 주택 대출자에 비해 주택 소유주는 기여 능력이 더 크기 때문이다. 토지세의 그 모든 단점이 부유세에는 없다. 부유세는 현 시장 가치에 기반을 두고 있으며, 모든 부채를 제외한 세습재산에 과세한다. 이론의 여지 없이 훨씬 더 공정한 세금이라고 할 수 있다.

부유세에 반대하는 사람 대부분은 유럽 국가 중 일부가 재산에 대한 누진세를 폐지했다는 사실에 매우 기뻐하고 있다. 스페인(2008년)과 독일(1997년)의 경우가 그렇다. 그러나 이 두 경우에 토지 세습재산은 이전 토지대장상의 가치로 추산되어 자의적이었다는 점에서 부당했고, 세무적 저항을 부추겼다. 프랑스의 부유세는 그러한 결점을 지니고 있지 않다. 오히려 시장 가치에 기반을 두고 있다는 부유세의 커다란 장점을 활용해야 한다. 동시에, 토지세의 세율표를 시장 가치에 적응시키는 것이 바람직하다는 점 역시 지적해두겠다. 우리는 물론 세습재산의 전반적인 과세에 내재해 있는 행정적 어려움을 인식하고 있다. 기업 재산과 비상장기업 혹은 예술품 같은 특정한 자산은 그 가치를 산출하기 어렵기 때문이다. 어떤 납세자들은 세금 면제가 가능하지 않은 비유동성 자산(가족 대대로 물려받은 오래된 집이나 레섬(l'Île de Ré 영농가의 오래된 저택이 대표적인 예다)을 보유하고 있기도 하다. 이러한 자산들을 면세하는 것은 공정성의 측면으로 보나 효율성의 측면으로 보나 분명 좋지 않은 해결책인데, 이런 유의 면세책이 조세 회피의 가능성을 열어주며, 장기적으로는 재산세 제도를 무너뜨릴 수 있기 때문이다.[10] 늘 그렇듯이 최선의 해결책이란 실질적인 재산에 가장 가깝도록 세습재산을 최대한 정확히 측정하는 것이다. 게다가 비유동성 자산 과세와 관련된 문제는 해결 불가능한 것이 아니다. 우리가 추산한 바에 따르면, 부유세의 모든 조세 감면을 폐지함으로써 오늘날 79만 유로의 과세 최저한을 150만 유로로 끌어올리는 것과 동일한 세수를 보존할 수 있으며, 이를 통해 최고소득층에게만 영향을 줄 수 있다. 이 정도의 세금 수준이면 유동성 문제는 굉장히 드물어질 것이다. 그 외에도 다른 모의실험과 가능한 개혁 방식이 www.revolution-fiscale.fr에 제시되어 있다.

2012년의 예산 방정식:
어떻게 수십억 유로를 얻을 것인가?
———

이 책의 주요 메시지 중 하나는 세금이 대폭 내려가거나 올라가서는 안 된다는 것이다. 오히려 이 세금제도를 제자리로 되돌려 이를 재구성하고 더 잘 분배하는 것이 최우선이 되어야 한다. 그렇기 때문에 우리가 제안하는 세제혁명은 어떤 추가적인 세수도 가져다주지 않는다. 제안된 세금의 인하 및 인상분(대체로 월명목소득 8000유로 이하 및 이상)은 구조적으로 완벽하게 균형을 이루고 있다. 그러나 프랑스는 심각한 공공적자에 직면해 있으며, 아마도 세금 인상 문제가 곧 다가올 공공토론에서 제기

되지 않을까 싶다.

이 경우 세율표를 조정할 수 있으며, 추가 과세 지점 각각은 120억 유로의 세수를 가져다준다. www.revolution-fiscale.fr 사이트에서는 조세 조정을 원하는 소득 집단에 명확하게 초점을 맞춰 모의실험할 수 있으며, 이 모의실험 장치는 지금부터 2012년까지 사용될 가능성이 높다. 그러나 '불가피'하다고 판단되는 이 세금 인상 문제에 관한 우리의 관점을 소개할 수는 있을 것이다.

먼저, 2012년 공공예산의 구체적인 상태가 어떨지 말하는 것은 완전히 시기상조로 보인다. 세수에 큰 영향을 줄 경제 상황이 많은 것을 좌우할 것이다. 게다가 적자 증가의 원인은 세수의 폭락이었다. 경제위기로 인해 지출 자체는 구조적으로 늘지 않았던 것이다. 그러므로 위기 때문에 전반적인 과세율을 계속 현저하게 올려야 할 이유는 전혀 없다. 다음으로, 우리는 국가가 이 위기에서 빠져나올 수 있도록 돕기 위해 통화정책이 특히 저금리를 유지하여 제 역할을 다해야 한다고 생각하는 축에 속한다.

그럼에도 불가피하게 추가 세수를 확보해야 한다면, 이를 확보할 수 있는 최선의 예비 세수는 새로운 소득세의 사회보장분담금 과세표준에서 현재 빠져나가는 경제소득으로 구성된 세수다. 앞서 증명했듯이, 노동소득의 대부분이 사회보장분담금의 과세표준에 포함된 반면, 자본소득은 절반도 채 못 되는 수준만이 포함된다. 그러므로 자본소득의 과세표준을 확장하는 것이 최선의 선택이라고 할 수 있다. 앞서 살펴봤던 것처럼 자본소득 중 두 가지 커다란 범주가 소득세를 피하고 있다.

첫째, 소유주들에게는 실제로 임대료가 무료인 셈인데, 이는 현물소득이지만 엄연한 실질소득이기 때문에 세입자에 비해 소유주에게 더 큰 혜택을 주는 셈이다. 그러므로 가장 합리적인 경제적 해결책은 소유주의 귀속임대료(주택 대출자의 경우 대출이자를 제외한)를 과세표준에 포함하는 것이다. 이 귀속임대료는 1964년까지는 소득세 과세표준에 포함되었으며, 스위스, 룩셈부르크, 벨기에, 이탈리아 같은 몇몇 유럽 국가에서는 지금도 여전히 소득세의 과세표준에 속해 있다.[11] 900억 유로에 달하는 이러한 과세표준의 확장은 동일한 세율표가 유지된다면 우리의 새로운 세금에 150억 유로의 추가 세수를 확보해줄 것이며, 지속적인 세수를 유지하는 것이 목표라면 특히 노동소득에 대한 과세율을 현저히 줄여줄 것이다. 물론 이러한 확장은 저소득의 빈곤한 소유주에 대한 예외조항을 갖추어 점진적인 방식으로만 이루어져야 할 것이다.[12] 이 정책의 추가적인 장점은 소유주들이 그들의 빈집을 시장에 내놓도록 자극한다는 것이다. 현재 자기 자신이나 자식들을 위해 건물을 빈 채로 남겨놓는 소유주는 건물에 세를 주는 소유주보다 더 적은 세금을 내고 있다. 대다수가 주택 문제로 어려움을 겪는 현재 상황을 볼 때, 이는 의미가 없는 일이다.

둘째, 부동산 자본소득의 절반가량만이 사회보장분담금의 과세표준에 포함되어 있는데, 이는 면세 대상이 되는 금융상품 종류가 늘어났기 때문이다. 앞서 봤듯이, 금융소득 가운데 1000억 유로 정도가 사회보장분담금의 과세표준에 포함되지 않는다. 우리의 과세표준을 이 1000억 유로에까지 확장한다면 350억 유로의 추가 세수를 확보할 수 있다. 이러한 확장이 하루아침에 이루어질 수는 없겠으나, 우리는 공정성의 관점 (모든 소득은 동일한 방식으로 과세되어야 한다)에서, 그리고 효율성의 관점 (특정 범주의 소득을 면세하는 것은 과세표준에 부담을 지우는 조세 회피의 가능성을 높인다)에서 이러한 방향으로 나아가야 한다고 생각한다. www. revolution-fiscale.fr 사이트에서 더 상세한 모의실험을 접할 수 있다.

한편 유럽에서는
———

우리의 소득세 개혁, 그리고 사회보장제도와 이전소득 혹은 세습재산 과세에 관해 언급했던 개혁의 실마리는 지금 이 순간부터 적용될 수 있게 완벽하게 구상되었다. 이를 실행하는 데는 유럽연합 차원의 세무당국 간 사전공조를 마련할 필요가 없다. 게다가 우리의 제안들은 유럽공동체법과 양립 가능하며, 유럽연합 측의 제재나 반론에 부딪힐 위험이 없다.

하지만 프랑스 경제는 다른 유럽연합 회원국들의 경제와 밀접하게 연결되어 있다. 동일한 화폐를 공유하며, 상품과 마찬가지로 고용과 자본 역시 유럽의 국경을 자유로이 넘나든다. 유럽 국가들은 모두 서로에게서 떨어질 수 없는 무역 상대국인 셈이다. 그러므로 장기적으로 볼 때, 세금과 관련한 가능성의 영역은 근본적으로 우리의 세금정책을 공조하고자 하는 대한 우리의 의지에 달려 있다. 이에 따라 최소한의 공조 없이는 허용되지 않을 여러 조세정책도 마련할 수 있는 것이다. 공조가 없을 때 가장 명확한 제약은 기업과 자본, 인력의 자유로운 유통으로 인한 이주 위험이다. 기업의 경우로는, '밀항' 행위의 대표적인 예로 아일랜드를 들 수 있다. 막대한 양의 외국인 직접투자를 유치한 아일랜드는 대기업 지사들(특히 하이테크 분야의)이 다수 입주했으며 매우 낮은 법인세율(12.5퍼센트) 덕분에 성장이 활성화되었으나, 2008년 위기로 인해 운이 돌아섰다. 동산자본의 경우를 보자면, 스위스 외에도 리히텐슈타인 같은 소규모의 조세피난처가 자국의 높은 세금 부담을 위법적으로 회피하고자 하는 부유층의 은행계좌를 끌어들이고 있다. 마지막으로, 덴마크나 스페인 같은 여러 국가는 최근 고숙련 및 고임금 이주노동자에게 혜택을 주는 세금제도를 마련했다. 이 특별 제도는 유명 축구선수[13]를 자국으로 유치하는 데는 효과적이었지만, 그보다 덜 유동적일 숙련 노동자 전체에 대한 전반적인 효과는 여전히 추산하기가 훨씬 어렵다. 축구선수에 대한 효과를 당연히 최대치라고 간주할 수 있다면, 숙련 노동자 이주에 대한 차별적 과세의 전반적인 효과는 일반적으로 생각하는 것에는 훨씬 못 미친다는 사실만 지적해두겠다. 안타깝게도 종종 이러한 통념에 기반을 두고 조세정책이 결정되기도 한다.

이민 가능성은 상대적으로 낮을지라도, 한 나라의 관점으로 볼 때 새로운 기업이나 고소득 이주자에 대한 약간 누진적인 세금 또는 예외조항은 이득이 되는 것으로 드러날 수 있다. 반면, 유럽 내부에서 이 모든 것은 제로섬게임에 불과하다. 이때의 이득은 필연적으로 이웃 국가에 피해를 끼치며 생겨나는 것이기 때문이다. 그러므로 집단으로 볼 때 유럽은 세금 경쟁이라는 이기적 게임의 패배자이며, 이러한 경쟁은 국가들의 재분배 능력을 최적 수준 이하로 떨어지게 한다. 그러므로 누진세를 유지하기 위한 장기적 해법은 유럽 차원의 공조를 통해 가능하다. 그리고 이러한 공조는 여러 단계에서 이루어져야 한다.

먼저 유럽 차원의 법인세 과세표준 공조를 당장 이끌어내야 한다. 만약 다국적기업들이 그들의 이익을 어느 나라에 신고할지 자유롭게 고르고자 내부 계정을 쉽게 조작할 수 있다면, 유럽 안에만 27개의 법인세가 있는 것은 파리의 각 지구에 다른 소득세 체제가 있는 것만큼이나 부조리한 일이 될 것이다. 법인세가 근본적으로 공제되는 것이라는 사실을 이해한다면, 이러한 유럽 차원의 법인세 원칙은 단순하다. 즉, 원천징수라는 이야기인데, 이익이 최종 분배되어 소득세로 과세될 수 있을 때 개인에게 재할당하는 것은 합법적이다. 그러나 이는 두 가지 조건을 전제로 한다. 첫째, 법인세는 기업에 의해 탈세되면 안 되고(그런 경우에는 납입되지 않을 세금을 개인에게 재할당할 것이다), 둘째, 법인세는 기업이 크든 작든, 프랑스 기업이든 아일랜드 기업이든 모든 경우를 막론하고 동일하게 적용된다.[14]

법인세와 개인세 간에 원천징수/세액공제가 통합된 이 모델이야말로 대부분의 유럽 국가에서 오랫동안 운용되어온 모델이다. 그러나 국제 자본의 유출입이 빠르게 성장하면서 이 오래된 제도를 죽이기에 이르렀는데, 여러 국가가 외국계 기업에 의해 지급된, 그리고 자국 기업에 의해 징수된 배당금에 세액공제를 하는 데 주저했기 때문이다. 실제로 이는 국가들이 축적하지 않은 법인세에 대해 공제액을 환불해주는 것으로 돌아온다. 외국 배당금에 대한 이 같은 차별은 유럽연합의 법규에 반하는 것으로 여겨졌으며, 이는 국가들이 배당금에 대한 세액공제 메커니즘을

없애도록 하는 결과로 이어졌다.[15]

우리가 보기에 법인세 문제의 해결책은 두 가지다. 첫째, 세율과 과세 표준 차원에서 법인세 과세의 공조를 향해 나아가야 하며, 종국에는 이 세금을 유럽연합 차원의 세금으로 만들어야 한다. 둘째, 국내 배당금뿐 아니라 외국 배당금까지 모두 포함하는 세액공제 제도의 재건을 통해 소득세 과세 차원에서 법인세 통합을 재확립하는 것이 필요하다. 이 같은 통합은 서로 다른 국가 간에 원천징수를 더 공정하게 분배하게 해주는 법인세의 유럽적 성격 덕분에 더 쉬워질 것이다.

유럽연합 차원의 세무적 의제에서 두 번째 필수 과제는 고소득 이주 노동자에게 호의적인 제도 제정을 제약하는 올바른 절차에 대해 최소한의 법규를 제정하는 것이다. 소득/세습재산의 국제적 유출입에서 세금의 역할을 제대로 산출하기 위해 유럽은 이 유출입을 파악할 수단을 사전에 반드시 갖춰야 한다. 이처럼 중요한 문제에서는 계산 결과가 통념보다 우위에 있어야 하는 것이다.

마지막으로, 부유한 유럽인들의 금융자산을 빨아들이는 조세피난처에 의해 조장되는 탈세와의 전쟁을 계속해야 한다. 이 싸움에는 모든 강대국이 참여하는 것이 이롭다고 할 수 있다. 조세피난처를 제재하고 투명성과 소득 관련 정보 교환을 강제하기 위해서는 강대국들의 공조가 결정적이다. 이 책 전체에 걸쳐 살펴봤듯이, 이는 공정하고 효율적인 세금제도를 갖추기 위한 필수 과제다.

세제혁명을 하라

우리 같은 연구자들에게 이 책은 범상치 않은 행보라고 할 수 있다. 이 책은 분석과 행동 모두에 초점을 맞춘, 공적 개입을 논하는 책이다. 우리는 이처럼 구체적인 제안을 작성하면서 다음과 같은 사실을 인식하고 있다. 즉, 위험을 감수하고 있으며, 비판에 노출되어 있다는 사실을 말이다.(비판이 없지 않을 것이다.) 우리 같은 부류의 사람들은 노동 공급의 유연성에 대한 계량경제학 논문 또는 몇 세기에 걸친 각국의 소득 및 세습재산의 역사에 대해 수천 페이지의 글을 쓰는 것, 혹은 조세 최적화 이론에 관한 수학적 정리를 증명하는 것이 훨씬 편안하다.(그리고 아마도 우리 취향에 훨씬 맞을 것이다.)

우리의 제안이 완벽하다고 주장하는 것은 절대 아니다. 현실경제의 문제처럼, 사용 가능한 연구는 지속적으로 발전하며, 이 문제에 관한 우리의 생각 역시 얼마든지 바뀔 수 있다. 바로 그렇기 때문에 우리는 www.revolution-fiscale.fr 사이트에서 이 제안을 수정할 수 있는 수단을 모두에게 제공하고 있으며, 지속적으로 이를 업데이트할 것이다. 그럼에도 어떠한 틀을 세우고 그 틀 안에서 상세한 제안을 하고자 한 것은, 오늘날 정치책임자들이 세금에 대해 구체적인 약속을 지키도록 강제하는 것이 필수불가결해 보이기 때문이다. 선거 캠페인 이전의 구체적인 약속 없이는 선거 이후에 그 어떤 결정적인 일도 이행되지 않는다는 사실을 지난 몇십 년간의 경험을 통해 깨닫지 않았는가?

그렇다면 이 책의 제안들은 좌파 혹은 우파에 맞춰진 것인가? 역사적으로 좌파는 소득 불평등 문제와 성장 결과물의 분배에 시민적 관심을 기울여온 정당이다. 그러므로 소득과 세습재산의 불평등 문제, 그리고 이와 밀접한 관련이 있는 소득과 재산 계급별 세금 분배의 문제를 만천하에 드러내고 이를 논쟁의 한가운데로 가져가는 것은 좌파가 강조하는 바라 할 수 있다. 그러나 우리에게 정치적 분쟁은 종교전쟁이 아니다. 좌파도 잘못을 저지를 때가 있으며(적어도 우파보다는 덜하지만), 특히 아무것도 하지 않을 때가 있다. 우리 필자 한 명은 10년 전에 이렇게 말했다.

"좌파는 제때에 개혁하지 않아 소득세가 이대로 천천히 몰락하도록 내버려두어서는 안 된다."[1]

유감스럽게도 이러한 경고는 오늘날에도 여전히 진실이며, 이에 대응하는 것은 우파 좌파 할 것 없이 모두의 책임이다. 그러므로 우리는 우리의 제안과 분석이 전체 정치판, 그리고 이를 넘어서서 민주주의에 유용하길 바란다.

그리고 이제는 논의를 시작할 때다. www.revolution-fiscale.fr 사이트에서 만나길 바란다.

서론

——

1_ 인터넷 사이트의 개발과 업데이트를 위해 재정적·물적 지원을 아끼지 않은 우리의 소속 기관, 특히 파리경제대 공공정책평가기관Institut d'évaluation de politiques publiques과 버클리대 공정성장센터Center for Equitable Growth에 감사의 말을 전한다. 이 기관들은 이 책이 옹호하는 세금 개혁의 특정한 제안과 아무 관련이 없으며, 이는 오로지 필자들이 독자적으로 주장하는 바임을 밝힌다. 또한 인터넷 사이트 개발에 귀중한 도움을 준 기욤 생자크Guillaume Saint-Jacques에게도 감사한다.

제1장

——

1_ www.revolution-fiscale.fr Le livre 메뉴의 Annexes aux chapitres 1, 2, 3 파일을 참조하라. 국민공공재산(국가와 지자체, 기타 공공기관의 공공부채를 제외한 부동산 및 금융자산)은 아주 약간 흑자다. 이는 국민사유재산의 10퍼센트 미만에

해당한다.

2_ 예를 들어, 전 자산을 두 명의 배우자가 절반씩 소유한 커플의 경우, 2인에 36만 4000유로에 해당한다.

3_ Thomas Piketty, *Les Hauts Revenus en France au XXe siècle. Inégalités et redistributions, 1901~1998*, Paris, Grasset, 2001; "On the Long-Run Evolution of Inheritance: France 1820~2050", Document de travail, École d'économie de Paris, 2010을 참조하라.

4_ 더 상세한 백분위 데이터를 보려면 www.revolution-fiscale.fr Le livre 메뉴의 Annexes aux chapitres 1, 2, 3 파일을 참조하라.

5_ 10퍼센트의 부유층이 점유한 몫은 현재 미국 전체 세습재산의 72퍼센트에 달하는 반면, 40퍼센트의 중산층은 26퍼센트, 50퍼센트의 빈곤층은 2퍼센트만을 점하고 있다. Arthur Kennickell, "Ponds and Streams: Wealth and Income in the U.S., 1989~2007", *Federal Reserve Board, Discussion Paper*, vol. 13, 2009를 참조하라.

6_ Thomas Piketty, Gilles Poste-Vinay, Jean-Laurent Rosenthal, "Wealth Concentration in a Developing Economy: Paris and France, 1807~1994", *American Economic Review*, vol. 96, n° 1, 2006을 참조하라.

7_ Thomas Piketty, "On the Long-Run Evolution of Inheritance: France 1820~2050", *op. cit.*

8_ 여기서 이 국민소득은 세전 일차소득, 특히 금융소득에 법인세를, 토지소득에 토지세를 부과하기 이전을 말한다. 일차 금융소득은 미분배 이윤(자본의 가치저하 공제 이후, 국민소득의 겨우 1퍼센트를 차지하며, 주주들에게 할당되었던) 또한 포함한다. 더 많은 상세 정보, 그리고 철저한 분석을 보여주는 도표를 보려면 www.revolution-fiscale.fr Le livre 메뉴의 Annexes aux chapitres 1, 2, 3 파일을 참조하라.

9_ 더 상세한 정보를 얻으려면 www.revolution-fiscale.fr Le livre 메뉴의 Annexes aux chapitres 1, 2, 3 파일을 참조하라.

10_ Camille Landais, "Les hauts revenus en France, 1998~2007: une explosion des inégalités?", Document de travail, École d'économie de Paris, 2008을 참조하라.

11_ Thomas Piketty, Emmanuel Saez, "Income Inequality in the United States, 1913~1998", *Quarterly Journal of Economics*, Vol. CXVIII, 2003 을 참조하라. 2008년까지 업데이트된 시리즈를 이매뉴얼 사에즈의 웹페이지 Berkeley에서 볼 수 있다. Tony Atkinson, Thomas Piketty, Emmanuel Saez, "Top Incomes in the Long Run of History", *Journal of Economic Literature*, vol. 49, 2011 역시 참조하라.

12_ *Taxation Trends in the European Union*, édition 2010, Eurostat를 참조하라.

13_ 사회보장분담금의 일반적 세율은 약 7.5퍼센트이며, 여기에 0.5퍼센트의 사회부 채상환세를 더해야 한다.

14_ 제2장을 참조하라.

15_ 무상양도세droits de mutations à titre gratuit.

16_ 제3장을 참조하라.

17_ 소비세 부담과 우리가 모의실험한 방식에 대한 상세 정보를 보려면 www. revolution-fiscale.fr Le livre 메뉴의 Annexes aux chapitres 1, 2, 3 파일을 참조하라.

18_ *Taxation Trends in the European Union*, édition 2010, Eurostat를 참조하라.

19_ 저임금노동자에 대한 사회보장기여금 감축액(약 300억 유로)은 후자인 질병, 가족, 교육 등의 기여금에서 공제되었으며, 그렇지 않았다면 이는 1900억 유로에 달했을 것이다.

20_ 결혼한 커플의 경우, 커플의 소득을 둘로 나누어 개인자본소득을 얻는다. 여기

에 소개된 결과는 풀타임의 80퍼센트 이상을 근무하는 18~65세의 인구와 관련
된 것이며, 항상소득의 불평등과 과세의 누진성을 측정하기에 가장 적합한 영역
이다. 우리는 다른 영역에 대해서도 질적으로 유사한 결과를 얻고 있다. www.
revolution-fiscale.fr Le livre 메뉴의 Annexes aux chapitres 1, 2, 3 파일을
참조하라.

21_ *Rapport d'information sur les niches fiscales*, Assemblée nationale, 2008
년 6월 5일, p. 42를 참조하라. 또한 통계청, *Revenus et patrimoines des
ménages*, édition 2010도 참조하라.

22_ 이 부분에 관한 데이터가 없기 때문에 우리는 모든 주주가 소지한 돈이 얼마이
건 간에 동일한 법인세를 내며, 미분배 이윤을 동일한 비율로 이용했다고 가정
했다. www.revolution-fiscale.fr Le livre 메뉴의 Annexes aux chapitres 1,
2, 3 파일을 참조하라.

제2장

1_ 2011년 재정법. 2010년 12월에 가결되었다.

2_ 소득세에 관한 더 상세한 이야기를 보려면 Thomas Piketty, *Les Hauts Revenus
en France aux XXe siècle, op. cit.*를 참조하라.

3_ 2010년 소득세 과세의 경우, 5963유로 미만의 연간소득에는 0퍼센트의 한계세율
을, 5963유로 이상 1만1896유로 미만은 5.5퍼센트의 한계세율을, 1만1896유로
이상 2만6420유로 미만은 14퍼센트의 한계세율을, 2만6420유로 이상 7만830유
로 미만은 30퍼센트의 한계세율을, 7만830유로 이상은 41퍼센트의 한계세율을
적용받는다. 예를 들어, 10만 유로의 연간소득에 대해서는 10만 유로에서 7만830
유로를 뺀 나머지인 2만9170유로에만 41퍼센트가 적용된다.

4_ 세무적 복잡함은 어느 나라에나 존재하지만, 그렇다고 그것이 그러한 복잡함에 순응해야 하는 이유가 되지는 않는다. 그리고 이러한 복잡함은 적어도 IRPP에 한해서는 다른 어느 나라보다 프랑스에서 심각한 상황이다.

5_ 오늘날 소득세는 영국, 스페인, 이탈리아 및 기타 북유럽 국가에서 개인화되어 있지만, 독일의 경우 배우자계수를 통해 여전히 가족 차원으로 남아 있다.

6_ Gösta Esping-Andersen, *Trois Leçons sur l'État-providence*, Paris, Seuil/La République des Idées, 2008을 참조하라.

7_ 어림수로 따지자면 3000억 유로 중 500억 유로(법인세 및 토지세, 미분배 이윤 공제 후)다. 상세한 결과를 보려면 www.revolution-fiscale.fr Le livre 메뉴의 Annexes aux chapitres 1, 2, 3 파일을 참조하라.

8_ 우리는 임금과 대체소득(퇴직 및 실업), 비임금 활동소득에 대해 약 90~95퍼센트의 비율을 얻었다. 통념과는 달리, 이 비임금 활동소득은 상당한 세금 저가신고의 대상이 아닌 것으로 보인다.

9_ 비교하자면, 소득신고된 임금은 5700억 유로, 비임금 활동소득은 700억 유로, 퇴직연금은 2500억 유로(기여금 제외 금액)를 초과한다. www.revolution-fiscale.fr Le livre 메뉴의 Annexes aux chapitres 1, 2, 3 파일을 참조하라.

10_ *La Fiscalité des revenus de l'épargne*, Conseil des impôts, 1999, p. 128. 기이하게도, 2009년 세습재산에 관한 필수과세 의회 보고서는 국민계정의 개념을 완전히 잊은 것처럼 보이며, 자본소득을 사회보장분담금의 과세표준으로 정의하고 있다. 물론 사회보장분담금의 과세표준은 IRPP의 과세표준보다는 더 폭이 넓지만, 완전한 과세표준과는 상당히 거리가 멀다.

11_ 예컨대, 국민계정상 가계에 할당된 특정 배당금을 가계가 감독하는 패각회사를 통해 받는 경우(그렇기 때문에 사회보장분담금의 과세 대상이 아니다) 혹은 이것이 비임금 활동소득처럼 과세될 때 가능하다.

12_ Gabriel Zucman, "The Missing Wealth of Nations: Evidence from

Switzerland, 1945~2008", Document de travail, École d'économie de Paris, 2010을 참조하라.

13_ 사회적 미니멈 수령자들만 3개월마다 신고를 계속해야 한다. 이 역시 폐지할 수 있다. 고용주들이 3개월간의 임금에 대해 신고하면, 세무행정이 이를 기금 측에 직접 보내면 된다.

14_ 7.5퍼센트라는 사회보장분담금의 일반적인 세율 외에도(여기에 0.5퍼센트의 사회부채상환세를 더해야 한다) 현재 대체소득에 대해 가계 소득에 따라 0퍼센트, 3.8퍼센트, 6.6퍼센트로 감소된 세율, 세습재산에 대해 8.2퍼센트로 증가된 세율(경우에 따라서는 여기에 18퍼센트의 원천과세가 더해진다)이 존재한다. 이제는 총 개인소득 수준에 따라 모든 종류의 소득에 동일한 세율표가 적용된다.

15_ 우리가 제3장에서 설명하듯이, 이 두 가지 사전 단계 없이는 법인세의 중립성과 세액공제 존재를 정당화하는 법인세의 공제 논리를 재확립하기는 불가능하다.

16_ 바로 이러한 이유로, 그리고 또한 그 어떤 나라에도 업무비에 대한 표준공제가 존재하지 않기 때문에, 새로운 소득세는 명목소득의 100퍼센트(현 사회보장분담금처럼 97퍼센트가 아니라)에 해당하는 과세표준을 기준으로 하여 모의실험되었다.

17_ Thomas Piketty, *Les Hauts Revenus en France au XXe siècle, op. cit.*, p. 272~279를 참조하라. 전체 소득에 직접 적용 가능한 실효세율은 때때로 '평균 실효세율' 혹은 '평균세율'이라고 불린다.('한계세율'과 대비하여.)

18_ 상세한 결과를 보려면 www.revolution-fiscale.fr Le livre 메뉴의 Annexes aux chapitres 1, 2, 3 파일을 참조하라.

19_ John Rawls, *A Theory of Justice*, Havard, Havard University Press, 1971을 참조하라.

20_ 이 주제에 관한 연구 전체 기사를 보려면 Emmanuel Saez, Joel Slemrod, Seth Giertz, "The Elasticity of Taxable Income with Respect to Marginal Tax Rates: A Critical Review", *Journal of Economic Literature*, volume

49, 2011을 참조하라. 프랑스의 연구를 참조하려면 Thomas Piketty, "Les Hauts revenus face aux modifications des taux marginaux supérieurs de l'impôt sur le revenu en France, 1970~1996", *Économie et prévision*, n° 138~139, 1999; Pierre-Yves Cabannes, Cédric Houdré, Camille Landais, "The Elasticity of Taxable Income and the Optimal Taxation of Top Incomes: Evidence from an Exhaustive Panel of the Wealthiest Taxpayers", Document de travail, PSE, 2009를 참조하라.

21_ 제3장을 참조하라.

제3장
___

1_ Camille Landais, "Le quotient familial a-t-il stimulé la natalité françai-se?", *Économie publique/Public economics*, n° 13, vol. 2, 2003을 참조하라.

2_ Thomas Piketty, "L'impact de l'allocation parentale d'éducation sur l'activité féminine et la fécondité en France, 1982~2002", *in Histoires de familles, histoires familiales*, Paris, *Les Cahiers de l'INED*, 2005. 동일한 추산에 따르면, 출산율에 관한 1994년의 육아휴직수당 개혁의 효과는 전무했던 것으로 보인다.

3_ 스웨덴식 제도에서 부모들은 480일의 유급 공동육아휴직을 쓸 권리가 있다. 이 중 60일씩은 의무적으로 각 부모가 사용해야 한다. 예를 들어, 아버지가 20일밖에 육아휴직을 쓰지 않는다면 공동육아휴직 기간은 총 60일에서 20일을 제하고 40일로 줄어든다.

4_ Emmanuel Saez, "Optimal Income Transfer Programs: Intensive Versus Extensive Labor Supply Responses", *Quarterly Journal of Economics*, n°

117, 2002를 참조하라. 또한 François Bourguignon, Dominique Bureau, "L'architecture des prélèvements en France: état des lieux et voies de réforme", Rapport, Documentation française, 1999; Guy Laroque, Bernard Salanié, "Prélèvements et transferts sociaux: une analyse descriptive des incitations financières au travail", *Économie et Statistique*, n° 328, 1999도 참조하라.

5_ 이 정보들은 사회보장기구중앙센터ACOSS: Agence centrale des organismes de sécurité sociale의 세퀴이아 베이스(1997년 1월부터 모든 임금노동자의 기여금 명세서를 수집하여 중앙화해놓은 데이터센터—옮긴이)에 수집된다.

6_ Henrik Kleven, Claus Kreiner, Emmanuel Saez, "Why Can Modern Governments Tax So Much? An Agency Model of Firms as Fiscal Intermediaries", *NBER Working Paper*, n° 15218, 2009를 참조하라.

7_ Gabrielle Fack, "Pourquoi les pauvres paient-ils des loyers de plus en plus élevés?", *Économie et statistique*, n° 381~382, 2005를 참조하라.

8_ Bruno Crépon, Rozenn Desplatz, "Une nouvelle évaluation des effets des allégements de charges sociales sur les bas salaires", *Économie et Statistique*, n° 348, 2001의 약간 오래된 통계를 참조하라.

9_ 게다가 릴리안 베탕쿠르의 상속자들은 이 미현실이익이 소득세를 완전히 피해갈 수 있기 때문에, 이에 대한 세금을 단 한 번도 내지 않을 것이다. 이러한 세금 회피 가능성을 제거하기 위해 상속 혹은 증여 시 소득세 세율표에서 미현실이익을 과세해야 한다.

10_ Facundo Alvaredo, Emmanuel Saez, "Income and Wealth Concentration in Spain in a Historical and Fiscal Perspective", *Journal of the European Economic Association*, vol. 7, 2009. 이 논문은 2004년의 기업 재산 면세가 스페인 세습재산세에 가져온 악영향을 분석한다. 이는 아마도 몇 년 후인 2008

년에 이루어진 세습재산세의 완벽한 폐지와 무관하지 않을 것이다.

11_ *European Tax Handbook*, Amsterdam, 2010에서 국제조세사무국IBFD: International Bureau of Fiscal Documentation 편을 참조하라.

12_ 예컨대 스위스에서는 저소득(귀속임대료 제외) 소유주에게 너무 큰 과세 부담을 주지 않기 위해 토지귀속소득을 총소득의 20퍼센트로 제한한다.

13_ Henrik Kleven, Camille Landais, Emmanuel Saez, "Taxation and International Mobility of Superstars: Evidence from the European Football Market", *NBER Working Paper*, n° 16545, 2010을 참조하라.

14_ 현재 법인세의 평균 실효세율은 20퍼센트 미만이며, 20명 이하 기업에 대해서는 28퍼센트, 2000명 이상 기업에 대해서는 12퍼센트에 해당된다. "Les prélèvements obligatoires des entreprises", 2009, p. 159~160에 실린 필수 과세 위원회conseil des prélèvements obligatoires 보고서를 참조하라.

15_ 2004년 9월 7일 자 유럽재판소CJCE의 만니넨Manninen 판결.

결론

——

1_ Thomas Piketty, "Refonder l'impôt sur le revenu", *Le Monde*, 2002년 3월 13일 자 기사.

도표

도표

옮긴이의 글

오늘날 미국에서는 무소속의 버니 샌더스 의원이 민주당 경선에 출마하여 거대한 돌풍을 일으키고 있다. 평생 소수당에 소속되어 있다가 이후 공화당 텃밭인 버몬트 주 벌링턴 시장 선거에 무소속으로 출마해 3선에 성공한 기적의 사나이, 샌더스가 2016년 미국 대선의 '태풍의 눈'이 될 수 있었던 것은 그가 수많은 서민의 목소리를 대변하고 있기 때문이다. 자칭 '사회주의자'이자 세간에서는 '너무 급진적'이라는 평가를 받으며 계속해서 견제를 당하는 이 인물의 정치적 비전은 생각보다 훨씬 온건하며, '사회 전복적' 요소라고는 찾아볼 수가 없다. 오히려 너무 온당하고 합리적이며 당연하기 그지없는 이야기를 하고 있다. 더 많이 버는 사람이 세금을 더 많이, 더 적게 버는 사람은 더 적게 내고, 빈곤층의 기본 생활과 생존을 보장할 수 있는 최소한의 사회안전망을 세금을 통해 확립해야 한다는 것이 그 핵심 요지다.

이렇게 버니 샌더스의 이야기를 갑작스레 꺼낸 것은 그의 주장과 『세금혁명』의 저자들이 강조하는 바가 일맥상통하기 때문이다. 저자들의 주장 역시 그리 충격적이거나 급진적이지 않다. 이 책의 주장을 요약해보면, '동일 소득에 동일 세금', 즉 샌더스의 말마따나 많이 버는 이는 세금을 더 많이, 적게 버는 이는 더 적게 내야 한다는 이야기다. 세금의 누진성과 관련된 내용인데, 복지국가의 아이콘이나 마찬가지인 프랑스에서 왜 이런 기본적인 주장이 '급진적' 혹은 '좌파적'이라는 꼬리표를 달고 나오는 것일까? 이는 우리에게 복지 천국이자 '근로 의욕이 저하될 정도의 고세율 국가'의 대명사로 알려진 프랑스에서조차 세금의 누진성이 제대로 확립되지 않았다는 사실을 방증한다. 이 책의 저자들은 프랑스의 조세제도가 누진세라는 탈을 쓴 것에 불과하고, 실제로는 수많은 예외조항 및 면세제도를 이용해 부유층이 합법적 탈세를 할 여지를 제공하며, 너무나 복잡하기 때문에 일반인들이 이해하기 어려운 것이 바로 오늘날 프랑스 세제의 현실이라고 날카롭게 지적한다.

이러한 복잡성과 수많은 예외적 장치를 일소하고, 이해하기 쉽고 실용적인 새로운 세금제도로 완전히 탈바꿈하자는 것이 바로 이 책의 주장이며, 이 새로운 세제는 '형평성' '누진성' '민주성'이라는 세 단어로 그 성격을 요약할 수 있다. 이 책은 토마 피케티가 자신의 방대한 연구를 집약해놓은 저서 『21세기 자본』에서 거론한 바를 현실에 그대로 적용한 사례 중 하나로, 『21세기 자본』이 이론 편이라면 이 책은 실전 편인 셈이다. 『21세기 자본』의 두께나 깊이가 부담스러워 탐독할 엄두를 내지 못했던 독자들에게는 명확하고도 실용적인 사례를 통해 피케티 이론의 핵심을 더 쉽게 이해하고 체험하는 기회가, 기존 독자들에게는 그의 이론이 어떤 식으로 현실화되고 사회적 차원에서 어떠한 변화를 가져올 수 있는지 재발견하는 소중한 기회가 될 것이다.

사회적 불평등을 판단하는 데 세금은 어떻게 '쓰이는지'보다 어떻게 '걷히는지'가 더 중요한 척도가 된다. 우리나라의 경우, 2007년 이후 간접세 비중이 계속 증가하고 있으며, 법인세는 OECD 국가 중 가장 낮은 편에 속한다.(더불어 GDP 대비 사회복지지출은 OECD 회원국 평균의 절반에도 못 미친다.) 소득불평등을 점점 더 가중시킬 뿐인 이러한 형태의 세제를 개혁하자는 주장이 포퓰리즘으로 치부되는 우리나라의 현 상황에서, 프랑스에서 나온 일종의 '자성적 목소리'인 이 책이 세법에 관한 일반인들의 무지(혹은 무관심)를 타파하고 사회적 불평등 해소에 작게나마 기여할 수 있는 계기가 되기를 바란다.

박나리

세금혁명

초판인쇄	2016년 3월 28일
초판발행	2016년 4월 4일
지은이	토마 피케티, 이매뉴얼 사에즈, 카미유 랑데
옮긴이	박나리
감수	이정우
펴낸이	강성민
편집장	이은혜
편집	김진희 박세중 이두루 박은아 곽우정 차소영
편집보조	조은애 오현미
마케팅	정민호 이연실 정현민 김도윤 양서연
홍보	김희숙 김상만 이천희
펴낸곳	(주)글항아리	출판등록 2009년 1월 19일 제406-2009-000002호
주소	10881 경기도 파주시 회동길 210
전자우편	bookpot@hanmail.net
전화번호	031-955-1934(편집부) 031-955-8891(마케팅)
팩스	031-955-8855
ISBN	978-89-6735-313-1 03300

글항아리는 (주)문학동네의 계열사입니다.

이 도서의 국립중앙도서관 출판예정도서목록(CIP)은 서지정보유통지원시스템 홈페이지(http://seoji.nl.go.kr)와
국가자료공동목록시스템(http://www.nl.go.kr/kolisnet)에서 이용하실 수 있습니다.(CIP제어번호: CIP2016007407)